发动革命

国民革命的起源

（1920 — 1925）

———— ★ ————

张生 著

社会科学文献出版社

目　录

"走俄国人的路。"① 1949 年 6 月 30 日，毛泽东总结中国革命漫长的历程，得出这个结论。

　　俄国人的路，是俄国人先走出来的。如何被中国人接受，成为中国人的路？这是一个极为宏大、极为长期、极为复杂、极为精细的系统工程。

　　中国共产党是领导国人"走俄国人的路"的主体。她的诞生、发展和壮大，是实践俄国之路的关键。其过程，已经有非常多的论述。其中，她几乎一诞生，就被设定要和资产阶级民主派合作，以完成革命的第一步。

　　这是因为，俄国革命之路，就是分两步走的：第

————————————

① 《论人民民主专政》（1949 年 6 月 30 日），《毛泽东选集》第 4 卷，人民出版社，1991，第 1471 页。

一步，与资产阶级民主派如孟什维克等合作，推翻专制残暴的沙俄政府，建立资产阶级民主政府；第二步，布尔什维克领导工人、农民和士兵，推翻资产阶级临时政府，建立苏维埃。俄国的经验，对后来的运用者来说，可能是宝鉴，也可能是五味杂陈的经历。

俄国革命的经验，移植到中国来，需要两个前提因素：一是一场伟大革命注定的最终胜利者共产党——他们失去的只是锁链，获得的将是整个世界——在苏俄和共产国际的帮助下，于1921年7月23日成立；二是中国的资产阶级民主派，共产党拟定合作的对象。

谁是中国的资产阶级民主派？问题的答案，拥有后见之明特权的历史研究者自然指向孙中山及其党人，但在当时，并不是不言自明；更重要的是，他们能够担任并完成苏俄和共产国际设定的任务吗？

一批热忱的苏俄和世界各地的共产党人来到中国，他们带着俄共（布）、联共（布）和共产国际的指示，不仅"挑选"出了中国的资产阶级民主派，把他们引导到革命的道路上，而且"手把手"地教会了他们革命的思想、路线、方针、政策、策略和战略，让他们从一隅之地的小派系，真正地成为此后几十年中影响中国乃至世界历史的主要"玩家"之一。

中国的资产阶级民主派会欣然接受苏俄的引导和指导吗？他们没有自己的思想、理论和革命方略吗？答案当然是否定的。事实上，共产国际在实施指导、运作革命的过程中，不断地遇到孙中山和国民党人的反弹，特别是孙中山对共产国际理论和路线的"在地化"解释。他们实践的过程，也并不按照国际设定的路线，甚而是对国际路线的反动。然而，历史给了他们磨合、相容和合作的机会。

中国共产党人那时是"年轻的"，但并不像过去的很多论述所说的那样"幼稚"。国际的理论指导、组织架构和财政支持，对其意义重大，然而，她有自己的思想、独立思考的个性（尽管那时还不够）和行动的方向。在共产国际的指导出现重大错误的情况下，她能擦干同伴身上的血迹，走出苏俄和共产国际最后不得不认可的革命之路，说明最初几年的成长，带给了她受用无尽的教训和经验。

苏俄、共产国际、中国国民党和中国共产党共同造就的国民革命，是外部因素和本土力量结合，彻底改写中国历史的重大事件，即使在100年后的今天，东亚和世界仍然可以切身感受到它带来的冲击和深远的影响。

让我们回到它最初开始的时刻……

一 孙中山的思考和困顿

十月革命一声炮响，给中国送来了马克思列宁主义。这是伟人气魄宏大的诗意语言。

炮响时刻，孙中山正为其倡导的主义和革命遭遇困难而苦斗。1917 年 3 月，他提到了二月革命前后的俄国政局，说道："来日狂澜正难料也。"① 果然，十月革命不久发生。1918 年夏天，他致电列宁和苏维埃，对其"所进行的艰苦斗争，表示十分钦佩，并愿中俄两党团结共同斗争"。② 相隔万里的中俄两党如何

---

① 《批朱某函》（1917 年 3 月 27 日），中国社会科学院近代史研究所中华民国史研究室、中山大学历史系孙中山研究室、广东省社会科学院历史研究室合编《孙中山全集》第 4 卷，中华书局，1985，第 22 页。
② 《致列宁和苏维埃政府电》（1918 年夏），《孙中山全集》第 4 卷，第 500 页。

共同奋斗？在当时，并没有进入孙中山的实际思虑之中。

从第一次护法运动，到1919年，国内政局多变，"南与北一丘之貉"。中山先生屡起屡仆，颇不如意。为国奔走之时，他心忧国家民族命运，思考中国革命和国家建设的理论，形成一系列重要著述。举其要者，为《民权初步》、《孙文学说》和《实业计划》，1917年到1919年间次第发表。后调整顺序，加以编辑整理，合编为《建国方略》。

《建国方略》的第一部分是《孙文学说》，或曰《心理建设》。孙中山对这一部分十分看重，自许曰："文奔走国事三十余年，毕生学力，尽萃于斯。"[①] 为何写作此书？孙中山主要目的有二，一为破其党人之异议，二为国民心理问题。

孙中山认为，辛亥革命成功后，如以三民主义、五权宪法，与《革命方略》指示的"种种建设宏模"行事，中国必能登于富强之域。"不图革命初成，党人即起异议，谓予所主张者理想太高，不适中国之用；众口铄金，一时风靡，同志之士亦惑焉。"革命本来

---

① 《建国方略》，《孙中山全集》第6卷，第157页。

是要救国保种，救民于水火，而现实"与革命初衷大相违背"，这是由于党人同志惑于"知之非艰，行之惟艰"的老话。孙中山认为，"此说者予生平之最大敌也，其威力当万倍于满清"，"攻心为上"，必须纠正旧说。① 国人之心理，也如党人，"则其以吾之计划为理想空言而见拒也"，所以必须"出国人思想于迷津"。党人、国人都能改变旧思想，不以建国方略为空话的话，"万众一心，急起直追"，必能把中国建设为"政治最修明、人民最安乐"的民有、民治、民享之国。②

《孙文学说》用例举法证明其主张。第一章"以饮食为证"，说明"身内饮食之事，人人行之，而终身不知其道者，既如此；而身外食货问题，人人习之，而全国不明其理者，又如彼。此足以证明行之非艰，知之实惟艰也"。③ 第二章"以用钱为证"，说明"今日欧美普通之人，其所知于金钱者，亦不过如中国人士只识金钱万能而已，他无所知。其经济学者仅知金

① 《建国方略》，《孙中山全集》第6卷，第157—158页。
② 《建国方略》，《孙中山全集》第6卷，第159页。
③ 《建国方略》，《孙中山全集》第6卷，第169页。

钱本于货物，而社会主义家（作者名之曰民生学者）乃始知金钱本于人工也（此统指劳心劳力者言）。是以万能者人工也，非金钱也"，再证知难行易的道理。① 第三章"以作文为证"，指出"夫中国之文章富矣丽矣，中国之文人多矣能矣，其所为文，诚有如扬雄所云'深者入黄泉，高者出苍天，大者含元气，细者入无间'者矣。然而数千年以来，中国文人只能作文章，而不能知文章，所以无人发明文法之学与理则之学，必待外人输来，而乃知吾文学向来之缺憾"，知难行易又得一证明。② 孙中山还以建屋、造船、筑城、开河、电学、化学和进化等七事，论证其学说，力图推翻"知易行难"和"知行合一"。

孙中山提出，"能知必能行"，又谓"不知亦能行"。他系统介绍了军政、训政、宪政三阶段革命说，也以欧美各国的历史说明了建设一个强国的理路。其要点为："夫事有顺乎天理，应乎人情，适乎世界之潮流，合乎人群之需要，而为先知先觉者所决志行之，则断无不成者也，此古今之革命维新、兴邦建国等事

---

① 《建国方略》，《孙中山全集》第 6 卷，第 179 页。
② 《建国方略》，《孙中山全集》第 6 卷，第 185 页。

业是也。"① 他回顾了自己领导革命十次失败的历史，说明了有志者事竟成的道理。

到底是"知难行易""知易行难"，还是"知行合一"？不同经历的人当有不同的解说。以中山先生写作此书的背景言之，当时他周旋于西南各路军阀、实力派之间，遍生掣肘，腹心反侧，难有机会施展自己的抱负和主张，《孙文学说》的期望在于党人、国人接受他的革命和建设理论，由衷地服从他的领导，按照其革命方略和建国方略行事，由全党同心而臻于全国同心，如此，中国亦可为美国、日本，不太长的时间内即可臻于富强。《孙文学说》特别把陈其美致黄兴函附于其书，内中陈其美称："美以为此后欲达革命目的，当重视中山先生主张，必如众星之拱北辰，而后星躔不乱其度数；必如江汉之宗东海，而后流派不至于分歧。悬目的以为之赴，而视力乃不分；有指车以示之方，而航程得其向。……足下其许为同志而降心相从否耶？"② 这一解说，可为理解《孙文学说》宗旨之指针。

---

① 《建国方略》，《孙中山全集》第 6 卷，第 228 页。
② 《陈英士致黄克强书》，《孙中山全集》第 6 卷，第 221 页。

《实业计划》原为英文文稿，名为 *The International Development of China*，收入《建国方略》第二部分《物质建设》。蒋梦麟、余日章等协助校阅了稿本，朱执信、廖仲恺等译成中文。这是孙中山关于中国现代化建设的通盘性蓝图，展示了他作为天才革命家和思想家的才华。

在英文本序言中，孙中山回忆说，第一次世界大战结束后，他就开始研究国际共同开发中国实业。揆诸巴尔干战史，他认为中国实业的发展，"大而世界，小而中国，无不受其利益"。理想的结果，可以打破列强的势力范围，可以消灭国际商业战争和资本竞争，还可以"消除今后最大问题之劳资阶级斗争"。[①] 中文本序言中，孙中山指出，"中国富源之发展，已成为今日世界人类之至大问题"，谋中国之发展，须掌握发展权，"操之在我则存，操之在人则亡"。[②] 孙中山还特别指出，国际共同开发中国，"必须设法得中国人民之信仰"，否则将重蹈盛宣怀的覆辙。[③]

---

① 《建国方略》，《孙中山全集》第 6 卷，第 247 页。
② 《建国方略》，《孙中山全集》第 6 卷，第 248 页。
③ 《建国方略》，《孙中山全集》第 6 卷，第 253 页。

其"第一计划"主要着眼中国北方。第一个建设项目是建北方大港于直隶湾（按：今渤海）中，其具体位置拟在"大沽口、秦皇岛两地之中途，青河、滦河两口之间，沿大沽口、秦皇岛间海岸岬角上"。① 第二个项目是西北铁路系统，共分 8 条线路，符合"抵抗至少"、"国民需要"和"必选有利之途"等三原则。② 第三个项目是开发蒙古、新疆，孙中山假定 10 年内从"人满之省"移民 1000 万于西北，"垦发自然之富源，其普遍于商业世界之利，当极浩大"。③ 第四个项目是"开浚运河以联络中国北部、中部通渠及北方大港"，包含整理黄河及其支流、陕西渭河、山西汾河及其相连的运河，特别是一劳永逸地解决"中国数千年愁苦之所寄"的黄河水灾。④ 第五个项目是开发直隶、山西的煤铁资源，设立制铁炼钢厂。

"第二计划"主要着眼中国东部沿海沿江地区。第一个项目是"东方大港"，最理想的是杭州湾中乍

① 《建国方略》，《孙中山全集》第 6 卷，第 255 页。
② 《建国方略》，《孙中山全集》第 6 卷，第 261—262 页。
③ 《建国方略》，《孙中山全集》第 6 卷，第 264 页。
④ 《建国方略》，《孙中山全集》第 6 卷，第 265 页。

浦正南之地，或改造上海港，否则上海港将为"垂死之港"。① 第二个项目是整治长江，从沿海直至汉口。第三个项目是建设内河商埠，分镇江及其北岸、南京及浦口、芜湖、安庆及其南岸、鄱阳港以及武汉六处。第四个项目是改良现存水路及运河，内含北运河、淮河、江南水路系统、鄱阳系统、汉水、洞庭系统和长江上游等 7 个子项。第五个项目是建设大士敏土（按：即水泥）厂。孙中山认为，"钢铁与士敏土为现代建筑之基，且为今兹物质文明之最重要分子"。所以，"拟欲沿扬子江岸建无数士敏土厂"。②

"第三计划"主要着眼中国南方及西南地区。第一个项目是改良广州为世界港，作为南方大港。广州是中山先生多年革命的根据地，自然对其厚爱有加，他认为广州大港是三大港"最有利润之企业"，"恰称为中国南方制造中心"，并可建设为花园都市，作为避暑地和避寒地。③ 第二个项目是改良广州水路系统，包括广州河汉、西江、北江和东江。第三个项目是建设中国西南

---

① 《建国方略》，《孙中山全集》第 6 卷，第 268、274 页。
② 《建国方略》，《孙中山全集》第 6 卷，第 300 页。
③ 《建国方略》，《孙中山全集》第 6 卷，第 308 页。

铁路系统。孙中山规划了7条线路,他认为西南铁路与西北一样,"于中国人民为最必要"。[①] 第四个项目是建设沿海商埠及渔港,包括建设营口、海州、福州及钦州等4个二等港,葫芦岛、黄河埠、芝罘、宁波、温州、厦门、汕头、电白和海口等9个三等港。第五个项目是创立造船厂。

"第四计划"包括十万英里之铁路,即建立中央铁路系统、东南铁路系统、东北铁路系统、高原铁路系统,扩张西北铁路系统,以及创立机关车、客货车制造厂。其中,中央铁路系统,规划16600英里;东南铁路系统,规划约9000英里;东北铁路系统,规划约9000英里;高原铁路系统,共长11000英里;扩张西北铁路,共长16000英里。

"第五计划"涉及粮食、衣服、居室、行动和印刷5个工业部门,以解决国民的衣食住行。内中奇思妙想不断,超前构想十分惊人。如在粮食问题上,孙中山特地提出中国人以黄豆代替肉类的意义,他规划"以黄豆所制之肉乳油酪输入欧美,于诸国大城市设

---

① 《建国方略》,《孙中山全集》第6卷,第324页。

立黄豆制品工场，以较廉之蛋白质食料供给西方人民"。① 就住房问题，孙中山特别乐观，他说："就中国之居室工业论，雇主乃有四万万人，未来五十年中至少需新居室者有五千万，每年造屋一百万间，乃普通所需要也。"②

"第六计划"聚焦矿业。涉及铁矿、煤矿、油矿、铜矿、特种矿之采取，矿业机器之制造，冶矿机厂之设立。

孙中山的《实业计划》谋求同时解决世界"三大问题"——国际战争、商业战争与阶级战争，"欲使外国之资本主义以造成中国之社会主义，而调和此人类进化之两种经济能力，使之互相为用，以促进将来世界之文明也"，③ 可谓立意高远。在中国改革开放事业日新月异、基础设施建设一日千里的今天，对照之下，更可凸显孙中山当年规划的远见卓识。而许多具体计划，如铁路、港口之安排，工业之布局，新材料之重视，百年过去，仍在在超前，使后人有"穿越"

① 《建国方略》，《孙中山全集》第 6 卷，第 382 页。
② 《建国方略》，《孙中山全集》第 6 卷，第 385 页。
③ 《建国方略》，《孙中山全集》第 6 卷，第 394、398 页。

之慨。

《民权初步》收入《建国方略》后，为其第三部分《社会建设》。该书原名《会议通则》，"为教吾国人行民权第一步之方法"。在孙中山先生看来，中国民智未开，行使民权力有未逮，需要教导之，"孩提之举步也，必有保母教之，今国民之学步亦当如是。此《民权初步》一书之所由作，而以教国民行民权之第一步也"。①

《民权初步》以实际案例讲解议事规则，初读难免枯燥。孙中山特别强调此书的"实战作用"，"譬之兵家之操典，化学之公式"。他说："若以浏览诵读而治此书，则必味如嚼蜡，终无所得。若以习练演试而治此书，则将如噉蔗，渐入佳境。一旦贯通，则会议之妙用，可全然领略矣。"他希望国民从操作性层面的演练开始，体会民主政治的实质内涵，内化为自身的常识和习得性天性，从而成为推动民国进步真正的主体。他乐观地估计说："倘此第一步能行，行之能稳，则逐步前进，民权发达必有登峰造极之一日。……苟人人熟习此书，则人心自结，民力自固。如是，以我四

---

① 《建国方略》，《孙中山全集》第6卷，第414、413页。

万万优秀之民族，而握有世界上最良美之土地、最博大之富源，若一心一德，以图富强，吾决十年之后，必能驾欧美而上之也。"①

《民权初步》分"结会""动议""修正案""动议之顺序""权宜及秩序问题"五部分，并有"附录"。

第一部分"结会"。下分"临时集会之组织法""永久社会之成立法""议事之秩序并额数""会员之权利义务"等四章，共30节。

第二部分为"动议"。下分"动议""离奇之动议并地位之释义""讨论""停止讨论之动议""表决""表决之复议"等六章，共58节。

第三部分为"修正案"。下分"修正之性质与效力""修正案之方法""修正案之例外事件"等三章，共26节。

第四部分为"动议之顺序"。下分"附属动议之顺序""散会与搁置动议""延期动议""付委动议""委员及其报告"等五章，共33节。

第五部分为"权宜及程序问题"，下分"权宜问题""秩序问题"等二章，共11节。

---

① 《建国方略》，《孙中山全集》第6卷，第414页。

孙中山对此书颇为自得，他说："此书可备为个人研究及会场参考之用，且可备为同好者常时集合玩索而习练之。一社会中，其会员人人有言论表决权于大小各事，则知识能力必日加，而结合日固，其发达进步实不可限量也。"[1]

就事实而言，《民权初步》所涉及的内容，取材于美国 Harriette Lucy Shattuck 所著 *Women's Mannual of Parlimentary Law* 尤多，为西方国家议会等各类机构团体开会、议决事项之规则、程序的翻译和改编，跟孙中山受教育的经历和投身革命以后的见闻有很大关系。为了向当时知识水准较低、民主意识薄弱的国民普及，孙中山在书中不厌其烦地模拟了多个开会、动议、复议的具体场景，可谓手把手地普及"初步"知识。

痛感国人开会之"不正式、不完备、不规则"，[2]孙中山实际上是为开会创设规矩，并希望通过实操演练，开发民智，普及民权。但在中山先生时代，民权不彰，其原因是多方面的，提出技术性解决方案，未始无因，终有所限；即就《民权初步》本身的功能设

---

① 《建国方略》，《孙中山全集》第 6 卷，第 488 页。
② 《建国方略》，《孙中山全集》第 6 卷，第 415 页。

定和内容涵盖面而言，与"社会建设"的宏大指向，亦有相当的距离。

当然，必须指出的是，孙中山写作《建国方略》之时，书中几乎所有的理论和规划都没有付诸实践的机会，也和他身处的翻云覆雨、纵横捭阖的复杂政治环境几无关系，对照他为护法战争和军政府的人事、军事、财政、外交等殚精竭虑的工作、生活实际，几乎是云泥之判，难怪当时不理解他的党人和外人有不知河汉之讥。然而，这些脱离于当时一般政治的思考，恰恰显示了中山先生忧国忧民和超越所处时代的伟大，也是他区别于同时期无数政治人物的重要标志。

当然，孙中山上述思想与时代之间的脱节，也可见在经历屡次失败后，革命党人已经出现革命向何处去的迷茫。

与云游八极、超越时代的卓见神思相比，严酷而复杂的政治风云，是孙中山更加需要倾力对付的现实；而这现实中，蕴藏着将其引向人生高潮的草蛇灰线。

二 陈炯明的叛乱轨迹与震荡

陈炯明（1878—1933），字竞存，广东汕尾市海丰县人。早年追随中山先生革命，1909 年加入同盟会。1911 年参加黄花岗起义，辛亥革命后，任广东副都督、代都督。1913 年参加反袁斗争。后参加护法运动，任援闽粤军总司令。

援闽粤军系在孙中山支持下，由广东省长朱庆澜拨出其军队 20 营而组成。粤军而被令援闽，一是为了避免和广州当地驻军冲突，二是为了"就食他省"，三是让孙中山为大元帅的军政府"无亲近军队"。① 但该军实为革命人掌握的不多的武力之一，孙中山对此非常重视。1918 年 5 月，他辗转抵达大埔县三河坝援

---

① 李剑农：《中国近百年政治史》，江苏人民出版社，2018，第 347 页。

闽粤军司令部，与陈炯明等会商攻闽计划。7月，该军反击闽浙联军取得进展，8月进抵厦门。11月，援闽粤军与闽浙联军停战，获得闽南26县之地，部队扩充到2万余人。革命党人对该军支持不遗余力，一批后来担任要职的人物如朱执信、许崇智、邓铿、蒋介石等被派遣其军中，充实力量。

陈炯明以漳州为基地，颇有改良社会之举。禁毒、禁赌，鼓吹女权，邀请名人，创办刊物《闽星半周刊》《闽星日刊》等，刊发各类思想先进的文字，整个社会风气为之一新。陈炯明认为，少数人剥削多数人的脂膏，造成了社会痛苦，要"打破束缚而为自由，打破阶级而为平等，打破竞争而为互助"。他认为宣传的作用胜过武力，"报纸胜过三千毛瑟"，其价值"在反响的效果"，反响一在于主义，二在于向大多数人的方向传播，要办一个"democracy 的日刊"。①种种不同于当时武人的言行，让他异乎寻常。

陈炯明的作为，甚至引起了共产国际和列宁的注意。1920年，国际代表访问漳州，并转交了列宁致陈

① 《〈闽星日刊〉宣言》（1920年1月1日），段云章、倪俊明编《陈炯明集》上卷，中山大学出版社，1998，第426、428页。

炯明的亲笔信。陈在国际代表波达波夫临行前，也请其带上自己致列宁的信函。信中称："当今人类的一切纷争与灾难皆源于国家的存在与资本主义制度。我侪唯有打破国界，方可制止世界战争，且亦惟有消灭资本主义制度，方可言人类平等。""今俄国人民及其领袖为人类利益计，勇敢坚毅刚强不屈，扫除人类前进道路上的一切障碍。近以布尔什维主义建立的新俄已开辟世界革命之新时代。此举实令世人幸甚。""我对新俄向中国人民表示的真诚深信不疑，坚信我国未来各种形式的新的革命运动必将得到你们的帮助。有新俄之同情，中国人民经过斗争前仆后继定能做到自决，冲破专制暴政，挣脱资本主义的桎梏，建立起新中国。""我更坚信，布尔什维主义带给人们的是福音，我将倾全力在全世界传播布尔什维主义。我们的使命不仅是要改造中国，而且要改造整个东亚。"① 陈炯明信中表现出来的对于共产主义的信仰和热忱，对于资本主义超前于时代的唾弃，令人瞠目。而与其行

---

① 《苏俄外交人民委员会通报》第 1、2 期合刊，1921 年，第 17 页，转引自李玉贞《国民党与共产国际（1919—1927）》，人民出版社，2012，第 101—102 页。

为形成的反差，更令人不知今夕何夕。

1918 年 5 月 4 日，孙中山感于桂系军阀等操纵护法军政府，发表声明怒称"吾国之大患，莫大于武人之争雄，南与北如一丘之貉"，① 辞去大元帅之职。第二天，他还专门致电陈炯明，提醒他北兵入寇的危险。② 1919 年 10 月，孙中山改组中华革命党为中国国民党。其间，广东风云诡谲、朝云暮雨，各派政治势力反复组合，而陈炯明等在闽南等生息聚力。

1920 年 6 月 3 日，孙中山、唐绍仪、伍廷芳、唐继尧发表"四总裁宣言"，揭起反桂旗帜，宣布岑春煊、陆荣廷等与北方之交涉各事为无效。③ 直皖战争爆发后，广东督军莫荣新乘机攻闽，欲消灭陈炯明部。8 月，陈炯明誓师反击，第一军邓铿、洪兆麟负责左路，攻击汕头；第一军叶举部负责中路，攻击饶平、潮安；第二军许崇智负责右路，攻击蕉岭、梅县、兴

---

① 《辞大元帅职通电》（1918 年 5 月 4 日），《孙中山全集》第 4 卷，第 471 页。

② 《致陈炯明电》（1918 年 5 月 5 日），《孙中山全集》第 4 卷，第 472—473 页。

③ 《孙文等四总裁第一次宣言》（1920 年 6 月 3 日），中国第二历史档案馆编《中华民国史档案资料汇编》第 4 辑（1），江苏古籍出版社，1991，第 88—89 页。

宁。邹鲁、姚雨平等组织民军策应。朱执信策动虎门要塞反正，失败牺牲。9月底，陈炯明等部进占惠州。10月24日，岑春煊等通电解职。11月，孙中山与伍廷芳、唐绍仪返回广州，恢复了军政府。孙中山以总裁兼内政部长，唐绍仪为财政部长（未就任），陈炯明为陆军部长，唐继尧为交通部长（王伯群署理）。[1] 同时，军政府还"特任陈炯明为广东省长兼粤军总司令，管理广东军务，全省所属陆海各军，均归节制调遣"。[2]

回粤以后，孙中山感于"护法"之旗帜已旧，而北京政府始终得列强承认，乃倡议建立正式政府。1921年4月7日，国会非常会议选举孙中山为中华民国大总统。5月5日，孙中山宣言就职。6月26日，任命陈炯明为援桂军总司令，令其"荡平群盗，扶植广西人民，使得完全自治"，并念陈等"备极劳苦"，"传意嘉奖"。[3] 9月，陆荣廷出逃，陈炯明声望日隆。两广克复，而始终胸怀中华统一大业的孙中山并不以

---

① 《军政府组织系统表》（1920年），《中华民国史档案资料汇编》第4辑（1），第8—9页。

② 《军政府特任陈炯明为广东省长兼粤军总司令令》（1920年11月1日），《中华民国史档案资料汇编》第4辑（1），第10页。

③ 《命陈炯明讨伐陆荣廷陈炳焜等令》（1921年6月27日），《孙中山全集》第5卷，第555页。

区区为念。1922 年 1 月，孙中山宣布北京政府徐世昌、梁士诒等罪状，下令通缉。[①] 兵次桂林，宣布北伐。其间，加入国民党的湖南军阀赵恒惕拒绝"借道"，负责接济军需的邓铿遇刺，孙中山不得已回军广东。5 月 8 日，在韶关发布北伐总攻击令，以李烈钧为中路军，以许崇智为左翼军，以黄大伟为右翼军，全军约 6 万人。[②] 而陈炯明军乘机云集广州，其部下叶举率部 50 余营进入省垣。[③] 形势由高歌猛进突变阴云密布的背后，是陈炯明对孙中山不断革命、坚持北伐由不满而掣肘，最终竟发生纵兵叛变、炮轰总统府之事。

当孙中山回粤之际，对陈炯明等恃武自为、不支持他继续革命已经十分愤慨。1921 年 2 月 25 日，孙中山即"声色俱厉"地指责军人企图据粤"享福"，在军政府与列强争关余时，列强调集舰队干预，军人"应干预而不干预"；一些议员反对孙中山组织正式政府，军人不应干预而干预。"乃以私娼之事业强加予

---

① 桑兵主编《孙中山史事编年》第 8 卷，1922 年 1 月 9 日条，中华书局，2017，第 4204—4205 页。
② 桑兵主编《孙中山史事编年》第 8 卷，1922 年 5 月 8 日条，第 4290—4291 页。
③ 《致海外同志书》（1922 年 9 月 18 日），《孙中山全集》第 6 卷，第 551 页。

身"，并且"任人以土匪、私娼待我"。① 陈炯明终不为所动，以"联省自治"为名，牵扯孙中山北伐。其"联省自治"思想较为系统，并与湖南等地互通声息，一时颇为耸动新闻。

用孙中山的话说，"陈炯明自回粤后，对国事则有馁气，对粤事则怀私心。其所主张，以为今之所务，惟在保境息民，并窥测四邻军阀意旨，联防互保……"对此，孙中山反复劝诫："所谓联省自治，又徒托空言。……况各省军阀利害安能相同，而伪中央政府又操纵挑拨于其间，祸在俄顷，何可不顾？保境息民，亦为幻想。"想不到陈炯明执迷不悟，"昔惟欲据粤以自固，今更欲兼桂以自益，北伐大计，漠然不顾"。② 除联省自治这一分歧外，陈炯明另有说法是："第一，孙先生走的太快，我赶不上；第二，孙先生轻身可以亡命，我不能再亡命。"③

北伐开始后，孙中山退而求其次，仅希望陈炯明

① 《在广州海陆军警同袍社春宴会的演说》（1921 年 2 月 25 日），《孙中山全集》第 5 卷，第 467—468 页。
② 《致海外同志书》（1922 年 9 月 18 日），《孙中山全集》第 6 卷，第 549—550 页。
③ 《与某君的谈话》（1922 年 6 月初中旬），段云章、倪俊明编《陈炯明集》下卷，第 951 页。

接济军饷军械，仍未得要领。1922 年 4 月，孙中山率北伐诸军出人意料地从桂林迅速转抵梧州。陈炯明慌张不已，拒不往见，引起孙中山强烈愤怒。4 月 20日，孙中山准陈炯明辞去广东省长、粤军总司令等职，但保留了陆军部长一职。[①] 孙中山不为已甚，实因"念其前功"，之后还不断致电，以示倚畀如故。[②]

气氛诡谲之时，1922 年 5 月，陈炯明系统地发表了他的"联省自治"理论。按照他的想法，"政治组织之根本，在于规定中央与地方之权限"，应组织"中华民国联省政府"，设执政、副执政各 1 人；设参议院、众议院；各部部长由执政任命，不设总理；设大理院作为司法独立最高机关；审计院为中央财政监督机关。外交、军事、媾和缔约权属于中央；财政分国家和地方，国家取"列举主义"，地方取"概括主义"；设省议会；设审计处为省财政监督机关；省官吏按省宪法规定行之，中央不得干预；省可设警备队，直辖于省长。实行军民分治，"以各省之政事，完全

① 桑兵主编《孙中山史事编年》第 8 卷，1922 年 4 月 20 日条，第 4276 页。
② 《致海外同志书》（1922 年 9 月 18 日），《孙中山全集》第 6 卷，第 550 页。

还之各省人民；军事则超然于各省之外，由中央掌之"。其实行之道，"主张相同之各省应选出代表，组织联省会议，俾依据建设方略以制定联省大纲，然后由大纲以产生参议院，由参议院选举第一次执政副执政"。最后，他提出，"今日忠于民国之人为天下所知而有领袖之资格及有解决时局之力者，惟中山、合肥两公"，所以"中华民国联省政府"正、副执政，以孙中山、段祺瑞为首选。①

对公众推崇中山如故，陈炯明还送款劳军，实则积极谋叛。各方面舆论对孙、陈矛盾均有报道披露，对孙中山形成了压力，尤其是叶举要求恢复陈炯明的粤军总司令一职，形同勒索。5月27日，孙中山以大元帅名义命令"陆军总长陈炯明办理两广军务，肃清匪患"。陈炯明一面表示"愿竭能力，以副委任"，一面以生命人格担保"叶举等部必无不轨行动"。② 6月1日，孙中山留胡汉民于韶关大本营，自带卫兵返回

---

① 《联省自治运动》（1922年5月），段云章、倪俊明编《陈炯明集》下卷，第946—950页。
② 桑兵主编《孙中山史事编年》第8卷，1922年5月26日条，第4309页；《致海外同志书》（1922年9月18日），《孙中山全集》第6卷，第551页。

广州。10日，孙中山因陈炯明不到广州晋谒，而所部集合于惠州，内中不安，派汪精卫前往劝慰。① 更有媒体报道说，陈炯明部属开会决定三条件提出于孙中山，即今后断不服从孙文命令，恳请陈炯明就任广东军司令，排斥孙文派之重要分子；而孙中山提出妥协条件。② 6月12日，孙中山与报界公会及各通讯社谈话，严厉指责陈炯明：反对北伐；制造纠纷反对省银行钞票流通；要求会见陈之部下亦被拒；擅自撤退驻广西部队，占领广州。他警告陈炯明，限10天内撤退到广州30里外，否则大炮相向。此一讲话，也被当时舆论认为激起了陈炯明的兵变。③ 孙中山的严厉态度，在粤军将领中激起强烈反应，13日，他们召开紧急会议，讨论请陈炯明返回广州"主持一切"。6月14日，陈炯明等在石龙召集会议，部署叛乱，决定先发难者首功，并许叛乱士兵随意抢劫。④

① 桑兵主编《孙中山史事编年》第8卷，1922年6月10日条，第4334页。

② 《孙陈最近之妥协条件》，《益世报》（天津）1922年6月11日，"要闻二"，见桑兵主编《孙中山史事编年》第8卷，1922年6月11日条，第4335页。

③ 桑兵主编《孙中山史事编年》第8卷，1922年6月12日条，第4337页。

④ 桑兵主编《孙中山史事编年》第8卷，1922年6月14日条，第4341页。

关于陈炯明密谋策动反叛的种种细节，当时北伐军的主要作战对象、赣督陈光远了如指掌。他将广东内部情形密报北京，内称："陈炯明部叶举现将主力军屯集肇庆，本月十日叶举在肇密集所部长官（预请钟景棠等派代表与议）议决：二十二日通电公请陈炯明回省，维系地方，声讨孙文（按：此处出版档案有句号，疑为句读错误）引滇、黔、赣客军入粤，骚扰地方，而粤重负担以驱之。第陈三师旅长陈章甫由梧率部回粤，是日抵肇，叶请其谶饮，微讽孙文不是，冀章甫从而拥炯明。章甫谓：我魏师长服从孙总统，我唯魏师长之命是听，不敢评他人长短，受人嫌疑。叶当知说不动，即以他语辩之。陈炯明得悉，力责钟景棠等不可妄动，立遣员赴肇，饬叶静待时机，陈谓：拥孙之魏邦平等军均在省，防卫之力不单，而海军已属孙，现在我动，省垣不能固守，许崇智、李烈钧等亦可提兵回战，并受民党群起斥弃，今时机尚未至，切不轻举妄动，静待我最后之命。"[1] 陈光远对陈炯明

① 《陈光远转报孙中山准备北伐遭陈炯明等反对情形致参陆部函》（1922 年 5 月 26 日），《中华民国史档案资料汇编》第 4 辑（2），第 691 页。

的动作如此了解，其实另有玄机。

6月13日，北伐军前锋占领江西赣州，发现多份陈炯明与直系吴佩孚、陈光远沟通企图夹击北伐军的文件。廖仲恺、胡汉民研究后认为，北伐军"如打败仗，不能攻克赣州，则陈军必扼守粤边，不容北伐军退返粤境，或竟缴北伐军械，亦未可知。现既获胜，且克赣州，逆谋当可消弭于无形"，决定乘势攻克南昌，再设法对付。①

1922年6月16日，陈炯明部占领广州，宣布取消广州当地政府，服从旧国会，并炮轰总统府和孙中山住所粤秀楼。随即，叶举等发表宣言，要求孙中山下野。孙中山在事发前两小时得到林直勉、林拯民报告，离开总统府，登上军舰。据其判明，"首事者洪兆麟所统之第二师，指挥者叶举，主谋者陈炯明也"。②他说，叛军纵兵抢掠，擅杀卫兵职员，广州陷入萧条，明末270余年来未曾至此，而陈炯明悍然为之。

① 桑兵主编《孙中山史事编年》第8卷，1922年6月13日条，第4338—4339页。
② 《致海外同志书》（1922年9月18日），《孙中山全集》第6卷，第552页。

事变发生后，陈炯明对粤军将领发表谈话称："旧国会既已恢复，则西南护法之目的已达。徐世昌既已去位，则西南北伐之目的已达。倘南北从此同心协力，共谋民国前途之幸福，则统一之成立，即在指顾间。若孙先生仍为一班宵小所蔽，不惜违反民意，只知贪恋权位，则必有人起而议其后，南方从此多事，诸将领不患无立功之地，不必今日因余一人之位置，而与孙先生冲突。"① 他致电魏邦平，要求他"力劝孙公丢去，再从选举设法。孙公问题解决，海军北征军，一视同仁，安置自易"，② 直接将矛头指向孙中山。却又致电孙中山，"恳请开示一途"，免得与北伐军兵戎相见。③ 孙中山气愤已极，开出"可赦"三条件：陈炯明能恢复政府，亲自出面谢罪，叛军退出广州。④

　　事变后，孙中山率"永丰"等海军军舰炮击叛军，从6月16日到8月9日，坚持50多天，备极艰

① 《对粤军将领的谈话》（1922年6月18日报载），段云章、倪俊明编《陈炯明集》下卷，第952页。
② 《复魏邦平电》（1922年6月18日），段云章、倪俊明编《陈炯明集》下卷，第952—953页。
③ 《致孙中山函》（1922年6月29日），段云章、倪俊明编《陈炯明集》下卷，第958—959页。
④ 《批陈炯明调和代表来函》，《孙中山全集》第6卷，第496页。

难。其间，北伐诸军许崇智、李福林、朱培德、黄大伟等欲回师相救，但梁鸿楷部粤军第一师附逆，魏邦平部被击败，拥孙各军终被击退，向赣、湘边界撤退。孙中山不得已退往上海。另外值得一书之事，为电召蒋介石前来。① 蒋即托付二子于张静江等，赶赴广州随侍在侧，后著《孙大总统广州蒙难记》一书，获得重要政治资本。

1922 年 8 月 15 日，孙中山发表《宣布粤变始末及统一主张》，指出陈炯明及附逆者种种说辞支离破碎，本不足信。"徒以平日处心积虑，惟知割据，以便私图，于国事非其所恤，故始而阻挠出师，终而阴谋盘踞，不惜倒行逆施，以求一逞"，陈炯明此举"不惟自绝于同国，且自绝于人类"，号召"凡有血气，当群起以攻，绝其本根"。② 其后发表的《致海外同志书》，更加详细地回顾了陈炯明叛变的来龙去脉。孙中山沉痛地指出："文率同志为民国而奋斗垂三十年，中间出死入生，失败之数不可偻指，顾失败之惨

① 《孙文要蒋介石速来电》，《中华民国史档案资料汇编》第 4 辑（2），第 697 页。
② 《宣布粤变始末及统一主张》，《孙中山全集》第 6 卷，第 520—523 页。

酷未有甚于此役者。盖历次失败虽原因不一，而其究竟则为失败于敌人。此役则敌人已为我屈，所代敌人而兴者，乃为十馀年卵翼之陈炯明，且其阴毒凶狠，凡敌人所不忍为者，皆为之而无恤，此不但国之不幸，抑亦人心世道之忧也。"①

陈炯明作为孙中山庇护多年、信任有加的党内同志，以举兵叛变的方式，不仅中断了势头不错的北伐，而且促使孙中山深思其自民国建立以来的政治运作方式——党权不彰，可有可无；依靠地方实力派，常为反噬；政纲老套，没有触及中国社会的核心问题。在痛苦的反省中，孙中山注意到了一直在其左右，期待甚殷的苏俄、中共因素，转而与其合作，从而掀开了其政治生涯最为壮观的最后篇章。

---

① 《致海外同志书》（1922 年 9 月 18 日），《孙中山全集》第 6 卷，第 555 页。

三 关余事件和孙中山的转向[*]

所谓"关余",乃"关税余款"或"关税盈余"之简称，是中国近代海关史上一特殊名词。按照孔祥熙的说法，关余有两层含义，其间经历了一个动态的变化。最初指偿付了1900年前所有外债之后的余额，用于支付庚子赔款。但是，当时海关税收除偿付所担保之外债外，余数不多，关余之称有名无实。后来随着银价上涨，各项金债之银币成本大大降低，再加上贸易日益发达，税款水涨船高，到1917年，海关税款除了偿还外债及赔款外，还有剩余。"关税情形既如此变化，民国三年间所谓关余之解释，自成陈迹，实亦与事实不符。于是遂有第二种解释之发生。自是关

---

* 该部分主体，与陈志刚博士联名发表于《历史研究》2010年第5期。

余字样，乃指海关税收净数。除按照原来条约及合同之规定，于偿付担保之外债及赔款后所余税款而言。"关余始名实相副。从这一年起由列强驻华公使组成的公使团授权总税务司向北京政府支付关余。

1918年，经公使团同意，南北达成协议，决定关余按13.7%的比例拨付广东军政府。此后，北京公使团均按此比例如数拨付广东军政府关余。1920年3月孙中山迫于南方军政府内部的权力斗争，离粤赴沪，北京公使团随即以"避免助长内争"为由，停拨关余，交由总税务司代为存储，"不同意将原属中央政府之全部关余，摊交未经正式承认之政府"，① 后来甚至把这部分关余拨充内债基金。1920年11月，孙中山返回广州后，要求继续按原定比例拨付关余，被北京公使团拒绝。

此后，孙中山又因陈炯明事件被迫于1922年8月再次离粤赴沪，直到1923年2月才复返广州。当时孙中山一无大军，二无率兵之资，而关余是一笔收入稳定、数额较大的资财，若能收回，情况将大不相同。

---

① 参见孔祥熙《关税纪实（全一册）》，出版社不详，1936，第549—551、565页。

"大本营方面，以将来粤事解决后尚须北伐，策源之地，不可无巨款为之接济，于是乃有收回粤省关税之计划（粤海关每年税收约三四百万）。"①

1923 年 9 月 5 日，大本营外交部长伍朝枢通过英国驻广州总领事杰弥逊正式照会北京公使团，要求分拨关余，拉开了关余斗争的序幕。② 北京公使团对此无甚反应。10 月 23 日，伍朝枢再次照会公使团，否认北京有挪用关余的权力，主张关余分配应由各方核定。③ 公使团仍无切实答复。实际上，从 9 月到 12 月几近 3 个月的时间里，北京公使团都没有做出进一步的切实答复，因为他们认为，孙中山政府随时会垮台，此事终会不了了之。正如英国驻华公使麻克类所说：

---

① 《粤当局收回关税之大交涉》，《申报》1923 年 12 月 16 日，第7 版。

② Cantons Claim for Customs Funds, Generalissimos Headmasters, Department for Foreign Affairs to Sir J. W. Jamieson, 5 September, 1923, in Kenneth Bourne and D. Cameron Watt eds., *British Documents on Foreign Affairs: Reports and Papers from the Foreign Office Confidential Print* （以下简称 *BDFA*），Series E, Part Ⅱ, Asia, Volume 28, China, June 1923 – December 1924, University Publication of America, 1994, pp. 139 – 142.

③ Generalissimos Headmasters, Department for Foreign Affairs to Sir J. W. Jamieson, *BDFA*, p. 142.

"我一度寄希望于孙博士政府的垮台，因为随着陈炯明将军优势的不断提升，孙中山的政府在今年夏天已经岌岌可危，这将非常有效地阻止任何旨在截取关余企图的实现。与此同时，北京外交使团也不需要随之而采取果断的措施。"① 美国驻华公使舒尔曼也认为，"当前，陈炯明好像已经胜券在握，因此，孙中山也将面临着无所事事的生活"。② 因此直到孙中山击溃陈炯明，攻占石龙，站稳脚跟，列强才开始认真考虑此次关余事件。③ 12 月 1 日北京公使团以领袖公使欧登科的名义致电杰弥逊，请其代为答复关余问题，态度至为强硬。在电文中，公使团对"孙文已有暂行管理广州海关骇人听闻之主张"提出严厉警告："（一）任何方面如有干涉中国海关之事，本外交团均不予以容纳。（二）如有上述事情发生，本外交团即当采取相

---

① Sir R. Macleay to the Marquess Curzon of Kedleston, 21 December, 1923, *BDFA*, p. 137.

② The Minister in China (Schurman) to the Secretary of State, 27 November, 1923, *Foreign Relations of the United States*（以下简称 *FRUS*）, Volume Ⅰ, p. 557, http：//digital. library. wisc. edu/1711. dl/ FRUS.

③ The Minister in China (Schurman) to the Secretary of State, 1 December, 1923, *FRUS*, pp. 557 – 558.

当强迫手段借凭办理。"①

12月5日，孙中山命令大本营外交部答复公使团，申明截用关余系中国内政问题，并允诺再延两星期。② 12月6日列强派出军舰至广州进行武力恫吓。"广州外国炮舰今日派水兵携机关枪登陆占领海关，沙面外现共泊外国炮舰七艘，计为英舰马格诺里亚号，英海军大将莱佛森爵士驻舰中。此外尚有英舰三艘，日舰两艘，法舰一艘，法海军大将佛罗沙氏驻舰中。"③ 态度之强硬可见一斑。面对列强的武力威慑，12月12日孙中山与东方通讯社记者谈话时表示，列强若以武力阻止广东政府取得关余，他将以武力还击："使列强以武力反对此要求，余亦惟有以武力对抗之。盖为曹、吴军所破，为余之耻辱。若依正当之理由，以列强为对手而为其所破，余意决不为耻。余故始终实行之，以期贯彻目的而后已。"④

随着两周日期的临近，列强深恐孙中山武力收关，

① 《粤海关事件之外交文书》，《申报》1923年12月20日，第6版。
② 《政府对关税事件之宣言》，《广州民国日报》1923年12月25日，第6版。
③ 《广东海关问题》，《申报》1923年12月7日，第4版。
④ 《大元帅对关税问题之决心》，《民国日报》（上海）1923年12月14日，第3版。

继续增兵广州。据《申报》12 月 17 日报道，孙中山拟派"永丰"舰赴江门收管此处海关，为沙门领团知道后，即派"摩轩"舰赴江监视"永丰"舰。孙中山试探性的进攻遭到失败。① 12 月 19 日是广州大本营照会公使团接收关余的截止之日，此时的列强更是调兵遣舰，以防万一。"现除沙面驻有美舰六艘，英舰五艘，法舰二艘，日舰二艘，葡伊各一艘外，英政府并因该处税务司之请求，特拨陆军一队，实行保护税关，昨已运抵广州。"② 列强显然高估了广州政府的能力和决心，"沙面各西人家眷多迁香港澳门，惟十九日关余案到期，孙对海关尚无举动。又广州电，孙文曾于昨日（二十日）致函于广州海关当道，要求将收入交孙。对外人方面，接广东二十一日电，孙文现已决计抛弃其武力侵占海关之计划"。③ 孙中山在列强的强力威慑之下，并没有鲁莽行事。

除了武力威慑以外，列强也循着南方此前争拨 13.7% 关余的先例说事。12 月 12 日，北京公使团领

① 《国内专电》，《申报》1923 年 12 月 17 日，第 3 版。
② 《广州关余问题之严重》，《申报》1923 年 12 月 20 日，第 13 版。
③ 《孙文对粤关税决不放松》，《晨报》1923 年 12 月 22 日，第 2 版。

袖欧登科再次致电杰弥逊，声明列强对于关余一无议决之权，二无分配之权。"尚有言者，外交团与中国政府于 1912 年 1 月 30 日缔造之协定，委派外交团为海关收入之托付人，以便保障上述之债务……广州护法政府于 1919 年及 1920 年交出关余若干份之办法，已由广东政府与北京政府商议妥协。彼时外交团对于此节，既未提倡于前又未参预于后，故现时对于此案，不能再有表示。"① 言外之意，公使团作为关余的守护人，虽没有分配之权，却有保存其完整之责任，不容许广州方面强行收拨。且按照先例，广东政府若想取得关余，必须向北京政府寻求解决办法。"关余为中国之所有，外交团不过系其保管人，孙文如欲分润，当与北京政府协议，外交团无直接承诺孙文要求之理。如任何方面，果有干涉之举，则外交团只有采相当强迫手段，以为办理。"② 很显然，在公使团眼中，北京政府是中国当时国际上承认的合法政府。公使团在巧妙地将"球"踢给北京政府的同时，将孙中山的行为

---

① 《粤海关事件之外交文书》，《申报》1923 年 12 月 20 日，第 6 版。
② 《广东方面的海关交涉》，程道德等编《中华民国外交史资料选编（1919—1931）》，北京大学出版社，1985，第 305—306 页。

认定为破坏海关管理权。

公使团软硬兼施的一系列举措，将孙中山截留关余的可能性概行封杀。但孙中山并没有顺从其意与北京政府交涉，反而一直抓着公使团缠斗。按理说，孙中山既然在争拨关余时已有前例可循，直观分析，很可能会认为，作为当时中国的两个对立政府，自居正统的广东方面决不会向被其视为傀儡的北京政府乞求，而北京政府当然也不会同意在南北对峙的情况下分拨关余给南方，供其"造反"。何况，公使团俨然当时的"太上政府"，孙中山自然应以公使团为交涉对象。

但放大历史的细部，深层原因可能并不在此。从关余斗争的过程可以看出，列强的态度不管如何变化，均基于政治考量，即中国内部政治的演进态势、南北政权的合法性、条约体系的完整性，等等，粤海关关余款项本身当然重要，但已经退居次要位置。体会到这场斗争的要义所在，广州大本营随之转移斗争策略。正如危机中大本营财政部长邹鲁在拜访日本驻粤总领事天羽英二时曾透露的："发动关余事件主要是为了刺探各国态度，无论是冻结海关或是攻占海关计划均未形成定案。"① 从后文的详细论述可知，孙中山进行的以西方为对象的关余斗争，包含着对西方的强烈政治诉求，并非仅仅出于表面显现出来的财政目的。

事实上，孙中山发表的一系列关余言论，总是倾向于将截留关余的行动同推翻北京政府联系在一起。他反复用"正义""公理"等言辞向列强言说，希望说服西方在北京与广州之间做出选择。《字林西报》记者曾经就截留关余问题提问，孙中山回答说："列强若撤销所予北京政府之助力，自不难挽回此举也。"孙中山认为，"北京政府藉海关之机关，列强之保护，而得向一省取款，即用以与该省作战，不公孰甚，此实万不能忍者"，② "必实行政府主权，阻止粤关税解北长乱，为拥护公理而战，亦所不辞"。③ 字里行间，透露出孙中山的深意，即通过关余危机来唤起西方列强的注意和承认，并赢得它们对推翻北京政府的理解

① 「広東政府ノ海関乗取計画二付財政庁長鄒魯ヨリ申出アリタル件」大正十二年、『日本外交文書』第2册、外務省、1979、第600頁。南开大学日本研究院藏。本部分日文资料翻译，个别地方参照了俞辛焞《孙中山与日本关系研究》（人民出版社，1996）译文，特表感谢。
② 《孙中山表示截留关税决心》，《申报》1923年12月7日，第7版。
③ 《国内专电》，《民国日报》（上海）1923年12月14日，第2版。

与支持。

这虽是聪明的谋略，但完全是孙中山的一厢情愿。公使团既不愿放弃广东海关，也不愿放弃北京政府。事情陷入僵局。

无奈之下，孙中山只好诉诸群众。"惟国民为政府后盾，则此时甚希望再召集国民大会，并派发英文传单，以义理劝告外人，外人知义理之所在，或得觉悟。"① 1923 年 12 月 16 日，"在丰宁路西瓜园前，开公民大会。是日十二时开会，赴会者约万人。各团体代表，有工会联合会、社会主义青年团、女界联合会、工团总会、九大善堂、善团总所、高师学生会、机器工会、海员俱乐部、国民党各支部及各行工会，凡二十余社团。随由各行代表相继演说，均以外舰示威，干涉政府提取关余为无理，吾人当一致作政府后盾云云"。不过，不管是发表武力抗拒宣言，还是运动群众为收回关余造势，孙中山都底气不足。12 月 23 日孙中山不得不指出："刻下东西两江战事正急，似难以武力对待外人，目前只有采取消极的抵制办法。"②

① 《公民力争关余详情》，《广州民国日报》1923 年 12 月 17 日，第 6 版。
② 《粤关交涉中之国民外交运动》，《申报》1923 年 12 月 23 日，第 7 版。

同日伍朝枢发表声明，态度猛然一转："政府对关余交涉，决用文明手段，不愿以武力解决。"① 24 日，大本营就关余问题再次发表宣言，详述交涉始末，重申收回广东关余的理由，② 不过，事后并无特别举动，等于是做了一次总结而静待其变。

实际上，此时孙中山已无计可施。列强方面的武力恫吓虽然迫使孙中山采取柔软姿态，但孙中山没有直接声明放弃收回关余，双方尝试通过外交斡旋各找台阶。1924 年 1 月 6 日，美国公使舒尔曼"顺道来粤"，与孙中山商谈解决关余危机的办法，欲大事化小、小事化无。1 月 2 日抵达广州后，舒尔曼先与领事团英国领事杰弥逊、美国领事詹金斯、日本领事天羽英二以及美英海军将领等商议办法。6 日，舒尔曼在伍朝枢的陪同下拜谒孙中山，调停关余问题。双方议定"将广东应得关余，拨作治河经费"。③ 孙中山对此原则上表示接受。但此事却一波

---

① 《国内专电》，《申报》1923 年 12 月 23 日，第 4 版。
② 《军政府对海关问题宣言》（1923 年 12 月 24 日），《中华民国史档案资料汇编》第 4 辑（2），第 1605—1607 页。
③ 王聿均：《舒尔曼在华外交活动初探（1921—1925）》，《中央研究院近代史研究所集刊》1969 年第 1 期。

三折。舒尔曼北上后虽取得了公使团的许可，却遭到总税务司安格联的反对。不久，安格联同意，却又被北京政府否决。1924年2月19日，北京政府就此次关余危机做出决定，报道称，"粤政府争分广州关余一案，曾引起外交上重大纷扰。后经美国公使舒尔曼调停，非公式提议拨广东海关关余一部分为西江浚河经费。经顾维钧提出阁议讨论，议定先交外交、财政及税务处三机关会同核议，再行提交阁议。现闻此案业经外财税处三机关会同审议结果，予以否决"。而孙中山方面，"据东交民巷消息，某使馆现接广州领事来电报告，谓孙中山氏对于截留粤海关税之举动，已完全打消，来粤之意大利战舰，拟于日内决定开赴香港"。① 至此，孙中山发动的这场关余斗争暂告一段落。

关余危机中，孙中山对西方的举措和谋略，曾有"敏捷外交"之誉。所谓"敏捷外交"是指孙中山在关余危机期间，在采取相对强硬姿态对付列强的同时，"仍不忘透过舆论，或经由个人等不同的途径，据理力争，以期减少列强的压力，外交手腕之灵活，在当

---

① 《北政府反对分拨粤海关余》，《申报》1924年2月19日，第7版。

时即被誉为'敏捷外交'"。① 这种看法，有欠允当。
"敏捷外交"并不敏捷，反而将孙中山单方面谋求西
方外交支持而不得的进退失据困境体现无遗。更确切
地说，孙的外交是不明时势的堂吉诃德式的天真。

首先是日本。早在关余危机未正式爆发时，孙中
山就想引日本为奥援。孙中山曾经通过英国驻广州总
领事提前向北京公使团和总税务提出分享关余的请求，
为此特于 1923 年 7 月 20 日派大本营外交部长伍朝枢
通告日本驻广州总领事天羽英二，希望日本对此有所
承诺。② 但天羽并无明确表示。

11 月 16 日，孙中山得知他的好友犬养毅成为日
本山本权兵卫内阁的邮电大臣兼文部大臣，欣喜若狂，
立即致函犬养毅。适值日人山田纯三郎返国，此信便
委托山田转交犬养。山田说："发生东京大地震的一
九二三年底，我向孙先生说想回东京一趟，而孙先生
则要我稍微等一下。于是他花了两天两夜的功夫给犬

---

① 吕芳上：《广东革命政府的关余交涉（1918—1924）》，李云汉主编
《中国国民党党史论文选集》第 3 册，第 666 页。
② 「広東政府ヘ関税余剰配布方外交部長伍朝枢ヨリ請願ニ関スル
件」大正十二年、『日本外交文書』第 2 册、第 596 頁。

养毅写了一封信交给我。"① 在信中，孙中山批评日本以往唯欧美列强马首是瞻的政策，希望日本能将追随列强之政策取消，别树一帜，站在世界受压迫者的行列，内助孙中山以成中国革命，外逐列强以保东亚和平。同时要求日本承认苏俄，不要与列强一致。② 对于此信，孙中山可谓用功颇多。据山田纯三郎回忆："这是关于中日联盟的文章，这份由孙夫人宋庆龄整理，再经孙先生亲自修正、推敲的草稿，我现在还保存着。当时，看过这封信的中国人，只有胡汉民和廖仲恺。"孙中山对犬养毅寄予厚望，但事实上犬养并未公开这封信，"可能是认为它同时牵涉到苏联的问题，如果发表它，会引起很大的政治影响所致"。③ 孙中山的心血付诸东流。

随着关余危机的日益发展，英国欲通过对广东实行经济封锁来向其施压。此举颇让孙中山头痛，因为一旦遭到英国的经济封锁，广东的进出口贸易将遭受

① 〔日〕山田纯三郎：《辛亥革命与孙中山先生的中日联盟》，〔日〕宫崎滔天等：《论中国革命与先烈》，陈鹏仁译，台北，黎明文化事业公司，1979，第244页。
② 《致犬养毅书》（1923年11月16日），《孙中山全集》第8卷，第401—406页。
③ 〔日〕山田纯三郎：《辛亥革命与孙中山先生的中日联盟》，〔日〕宫崎滔天等：《论中国革命与先烈》，第244页。

重大打击，进而使大本营的财政更加难以为继。为了打破封锁，孙中山寄望于日本，因为"只要日本船舶能自由出入，英国的经济封锁就不会给他们带来任何打击"。11 月 20 日，孙中山通过井上谦吉表达了这一想法，天羽对此不但不为所动，还认为："日本和列强均应反对此种暴行。"① 24 日，大本营财政部长邹鲁奉孙中山之命拜访天羽，并就应对英国经济封锁之事再叙前意，天羽依然无甚表示。②

11 月 29 日，列强在荷兰公使馆召开公使团会议，就此次事件，驻粤领事团与各国军舰达成共同采取必要手段的共识。12 月 2 日，日本驻华公使芳泽专门向外务大臣伊集院建议："帝国政府应请求与各国协同合作，在与美国协商的基础上，帝国驻粤舰队与领事团协作，且要与其他各国舰队保持一致态度，与他们共同行动。"③

---

① 「広東政府ノ海関乗取リノ計画二関スル同政府ノ内情二付井上謙吉内話報告ノ件」大正十二年、『日本外交文書』第 2 册、第 599 頁。
② 「広東政府ノ海関乗取計画二付財政庁長鄒魯ヨリ申出アリタル件」大正十二年、『日本外交文書』第 2 册、第 600 頁。
③ 「広東政府広東税関管理通告二対スル対策二付外交団会議ノ申合セノ報告及ビ在広東我ガ方軍艦ノ必要ノ行動二付稟請ノ件」大正十二年、『日本外交文書』第 2 册、第 602 頁。

不过，考虑到日本的利益及其与广州大本营的既往关系，12 月 6 日，天羽曾建议伊集院："如果公使团大部分都不倾向于拒绝向广州政府交付关余的话，则由我们日本主动承诺交付关余。并且根据实际情况，诱导公使团做出这样的决定，此乃贤策。"① 同日，伊集院致电天羽英二，坚持："广东政府的海关管理计划是极其不合法的，此必不待言。正如芳泽公使来电所言，我们日本与诸列强必须表明坚决反对的立场，这样广东政府就不敢再妄自独行了。我国一贯坚持采用和平手段来阻止孙中山的武力夺关，但是万一广东政府无视外国列强的意志，采取了违法措施，为阻止此事发生，我们应该与外国列强步调一致，要与军舰方面取得联系，采取适当的措施扫除障碍。但我们应尽量避免流露出主导的态度。"② 在列强派至广州进行武力威慑的军舰中，各国军舰共计 7 艘，其中就有 2 艘日本军舰。③

---

① 「広東政府ノ税関管理計画ニ関シ我ガ方ノ執ルベキ態度ニ付意見稟申ノ件」大正十二年、『日本外交文書』第 2 册、第 606 頁。
② 「広東政府ヘ税関管理計画ニ対シ穏和手段ニテ阻止方望ムシキモ万一ノ場合ハ軍艦出動ノ置差支ナキ 旨訓令ノ件」大正十二年、『日本外交文書』第 2 册、第 604 頁。
③ 《广州关余问题之严重》，《申报》1923 年 12 月 20 日，第 13 版。

12 月 17 日，天羽与英美领事共同制定了海军陆战队登陆广州的作战计划：为了保护海关，必要时可派陆战队员登陆，其中英国 50 人、法国 25 人、日本 20 人、葡萄牙 15 人、意大利 12 人。① 12 月 21 日，伊集院致电英国驻日公使："帝国政府将尽全力与各国保持一致。"②

12 月 22 日，孙中山训令广州总税务司：（1）关款除应付赔款及利息外，余款解交广州政府。（2）1920 年 3 月以后的关余均应照交。（3）限十日内答复，如不遵令，即另委关员。③ 同日，广州大本营政府又发表了一个内容大致相当的英文外交声明。④ 24 日，大本营发表关余问题宣言，详述始末，重申理由，之后静观待变。⑤ 由于形势稍缓，英国驻粤总领事提出各

① 「広東二於ケル必要ノ場合ノ置差二関シ在泊列国軍艦ノ首席将校集合協議決定セル事項報告ノ件」大正十二年、『日本外交文書』第 2 冊、第 618 頁。
② 「孫文ノ広東海関押収阻止二協カスル旨回答ノ件」大正十二年、『日本外交文書』第 2 冊、第 623 頁。
③ 《给粤海关总税务司的命令》（1923 年 12 月 22 日），《孙中山全集》第 8 卷，第 547 页。
④ 「孫文ノ『ステートメント』内容」大正十二年、『日本外交文書』第 2 冊、第 625 頁。
⑤ 《军政府对海关问题宣言》（1923 年 12 月 24 日），《中华民国史档案资料汇编》第 4 辑（2），第 1605—1607 页。

国军舰是否尚有留置之必要，天羽对此极力反对，称尚未得孙中山放弃管理关税企图之保证，且在声明中有自行任命官员之意向，作为领事团，依惯例无权令军舰撤退。主张军舰仍须留在广州，继续向孙中山的大本营施加压力。① 其他总领事对此表示赞同。

从以上史实可以看出，日本在如何对待孙中山发动的关余斗争问题上似乎并非铁板一块。天羽一方面承认北京政府，另一方面却不想放弃同南方孙中山政府的联系。不管他是何居心，他的建议可谓正中孙中山下怀，但是遭到了日本外务大臣伊集院的反对。很明显，考虑到列强在华利益一致的原则，日本不能也不会在此等涉及众多国家利益的外交事件中力排众议，独自承认广东政府截留关余的合法性。天羽此后也立即放弃自己的设想，积极投入武力慑服孙中山的行动中。实践证明，日本不仅没有帮助孙中山，反而落井下石，使他"联日"的希望化为泡影。

孙中山在关余危机中对英国的所谓"敏捷外交"，

① 「孫文ノ『ステートメント』二関シ日英米枠葡伊各領事及ビ在港各国軍艦首席将校協議二付報告ノ件」大正十二年、『日本外交文書』第 2 冊、第 624 頁。

主要以与广东毗邻的香港为突破口。孙中山早在1923年2月重返广东之时，就把发展与香港、澳门的关系作为广东外交的重中之重。他认为："广东外交中占最重要之部分者为香港、澳门之外国官宪事。不待言，自驱陈炯明告成以来，香港、澳门政厅之对民党态度已改，甚为可幸。吾人不可不与广东门户之香港及澳门政厅（增强）了解及共助，而谋广东之开发。"① 所以当关余危机爆发之后，孙中山围绕香港展开了"敏捷外交"。孙中山派陈友仁两次赴香港拜谒港督司徒拔，以谋港英之支持。

1923年12月8日，陈友仁到香港拜访司徒拔，并提交一封孙中山的宣言书，信中重申了广州大本营收回关余的立场。② 港督司徒拔以为："收用关余，乃中国南方政府之正当理由，惟必先认定关税几份之几为抵还外债，其余即可拨归粤东。"对此立场，广州大本营当然甚为满意。港督的"友好"使孙中山觉得有隙可乘，12月19日陈友仁再次奉命到港。陈友仁希望司徒

① 《与广州各报记者的谈话》（1923年3月18日），《孙中山全集》第7卷，第214页。
② 《粤人抵御外侮之坚决》，《民国日报》（上海）1923年12月22日，第2版。

拔为港粤两地的贸易计，劝英国政府以和平手段化解关余危机。司徒拔为了香港自身的商业利益，确实积极为和平化解此次关余危机而奔走。据《广州民国日报》报道："盖我外交当局交涉无结果时，尝宣言如关余不能收回，则将以正当而强硬之手段将粤海关收回。领事团方面，则有谓如我政府收回海关，即将以兵舰封锁我海港，断我粤与外洋之交通。此议一生，港督即不以为然。盖如实行封锁，香港商务，即首受其害也。……港督即以此意电致驻京英使及英伦，是以英国近日态度之改变，港督与有力焉。"①

文中所提到的英国近日态度的改变，根据美国驻华公使舒尔曼所说，大体为两件事，一是截至 12 月底，近半数的英国舰队离开广东开赴香港；二是英国驻粤总领事杰弥逊请长假归国。因为杰弥逊和英国驻华公使麻克类是主张对孙中山强硬的人物，舒尔曼据此认为，这两件事同"香港政府所遭受的压力，给人一种英国政府的力量正在削弱的印象"。在他看来，香港政府对大本营的"暧昧"以及英国政府这两项决

---

① 《关余交涉之经过及将来》，《广州民国日报》1923 年 12 月 15 日，第 3 版。

定，意味着英国在对粤政策上，正在与其他国家的"强硬"立场不一致。这引起了舒尔曼的严重不满，他向美国国务卿上书，认为"香港的一己私图不能影响我们在整个关余问题上政策的一致性和坚定性"，要求美国国务院出面向英国驻美公使施压，以维持"华会之后各国对华政策一致的局面和原则"。① 美国国务卿休斯立即召见英国驻美临时代办，对在广东政策上英国与香港的不一致提出质疑，并真诚希望英国继续保持其与诸国在广东问题上政策的完整性和合作一致性。②

实际上，英国朝野对于大本营抱以同情态度的不乏其人，新当选的英国首相兼外交大臣麦克唐纳就是其中之一。麦克唐纳在给英国驻华公使麻克类的信中，就主张对广州大本营妥协："大量事实表明，由北京政府控制的海关税收已经引起南方的不满和愤懑。从某种公平的角度讲，北京政府控制的日益增长的海关收入不仅用于清偿赔款及外债，而且用于镇压南方政

---

① The Minister in China (Schurman) to the Secretary of State, 26 December, 1923, *FRUS*, pp. 577 – 578.

② The Secretary of State to the Minister in China (Schurman), 3 January, 1924, *FRUS*, p. 579.

府，这只能使形势更加恶化，进而助长南方的这种愤懑情绪。各国在对待南方态度上应该有个转变，不管这在当前看起来是多么困难。从现时来看，中央政府信誉的重建，至少在我看来，不过是出于一种令人怀疑的政治私利。从长远来看，北京政府的这种行为对于列国的在华声誉有百害而无一利。"① 孙中山在麦克唐纳出任英国首相前，曾向他致电，表示：诸国兵发广州白鹅潭，是从英国人的请求而为，要求英国主动放弃炮舰政策，代之以能得华人欢心之政策。② 这封电报可能对麦克唐纳产生了某些影响，虽然没有证据表明这封电报与其致麻克类的信有直接的联系。特别是英国外交部，从寇松到麦克唐纳，"一直希望公使团在关余问题上能有所作为，拟出一个令各派满意的摊分关余的方案，以求问题得到根本解决"。③ 但是，英国驻华公使麻克类和总税务司安格联坚持对广东持强硬态度。

① Mr. MacDonald to Sir R. Macleay, 5 February, 1924, *BDFA*, p. 134.
② 《粤人抵御外侮之坚决》，《民国日报》（上海）1923 年 12 月 22 日，第 2 版。
③ 张俊义：《南方政府截取关余事件与英国的反应（1923—1924）》，《历史研究》2007 年第 1 期。

1923 年 11 月 20 日，英国驻广州总领事杰弥逊呈文驻华公使麻克类，就孙中山的举动向麻克类提出警告："孙中山说，如果他的行动在我们深思熟虑后仍然导致战争，那么，被英国打败，他虽败犹荣。因为那样的话，英国就必须承担扼杀中国民主，以及他同正在寻找同盟者的布尔什维克党人和印度的鼓吹者的结盟来推翻英国在东方势力的责任。"22 日，伍朝枢直接致函麻克类，申明孙中山收回关余的公平性，但口气较为温和，试图通过麻克类改变英国对广州大本营截留关余的态度。麻克类也就此问题与伍朝枢私函频频，试图劝说他放弃预期的行动。12 月 3 日，麻克类做了最后一次尝试，拟就一封回函，通过杰弥逊转交给伍朝枢。

在信中，麻克类希望通过"详细地强调北京外交团在处理此次关余事件时所做的全方位的考虑和重视程度，以及他在复函中所表现出来的友好口气来阻止孙中山的那些不谦恭的追随者们采取极端措施"。① 对于关余的分配，麻克类表示："外交团从来没有在不

①　Mr. MacDonald to the Marquess Curzon of Kedleston, 21 December, 1923, *BDFA*, pp. 137 – 138.

顾北京政府意愿的情况下声称对关余有分配之权，而且由外交团告知北京政府应该分拨一部分关余给广东或其他省份的做法将超出1912年规定的外交团的职责范围。关税从来都是被看作中国政府或国家的税收收入，中央政府是否应该按比例向有海关收入的省份重新摊分关余，完全是中国内部的事务，理应由中国人民自己解决。"表面上看是"中立"，实际上还是把球踢给了北京政府。

对于广州大本营所说的"公平性"原则，麻克类也予以否定。麻克类认为："公平性原则只有在一个条件下才能成立，那就是所有的税收盈余都归外国支配，同时在相关的省份对海关管理权以及这些收入不做任何干涉之举的情况下，外国必然会对这些收入做出公平合理的分配。而广东地方政府此时已经将盐余收入私入囊中，因此也就根本没有资格再要求公平地分享关余。"最后，麻克类对南方大本营政府提出警告："不管你们反抗中央政府是对还是错，出于自卫也是出于保护各国的利益，我必须向你郑重地强调，我们不会承认任何对海关管理权的干涉行为。我们无意于支持任何一方，但是如果孙博士真的铤而走险的话，那么后果自负，因为他的任何行动都将有可能刺激各国采取护关行动以保证海关的正常工作。"①

　　广州大本营寻求英国驻华公使同情和支持的行动遭到失败。当时，海关总税务司一职长期由英国人担任。因此，在此次关余危机中，总税务司安格联也是大本营拉拢交涉的对象。广州大本营曾于 12 月 20 日致函安格联，要求补还自 1920 年以来所有关余款项："本政府管辖地域内，本年各海关一切税收，除对于关税作抵之外债及赔款，应按比例摊扣清还外，所余之款，须妥为保管，候本政府命令支付。嗣后亦须按照以上办法，每月结算一次，以重税收。至于自民国九年三月以后所有积存本政府应得之关余，着由海关税收项下如数补还，由部转行总税务司遵照。"② 但是在 12 月 31 日，安格联却训令广州税务司："自接到本训令以后，所有一切对外态度，宜力持严重。除北方政府，正式命令有服从义务外，其它任何方面请求或干涉之公事，一概不得承受。"③ 对大本营之拒斥至为明白。

①　Sir R. Macleay to Mr. Wu, 3 December, 1923, *BDFA*, pp. 144 – 145.

②　《伍朝枢等反对外人干涉关余致总税务司安格联函》（1923 年 12
　　月），《中华民国史档案资料汇编》第 4 辑（2），第 1603 页。

③　《孙文扣留关余之外人态度》，《晨报》1923 年 12 月 31 日，第
　　7 版。

其实，安格联早就对孙中山欲截留关余的行动痛恨至极："孙文因知不易强占海关，故声明欲与海关华员家属为难，以为抵制。昨接该关税司报告：近有海关华员戴天泽之子，在街上为孙文党人用手枪由背后击毙等语。现已电令九龙关税司驰赴广州调查。近日情形因恐粤关所发电报为孙截留，俟得来电，当令粤关税司劝令中国关员先将家眷搬往香港暂避，俾可安心办公。告以孙文举动实属可恨，想因其近日强拉人夫，劳动界均甚切齿，必不为其鼓动，至关员家属自宜保护，个人宜应设法安置稳妥地方居住为要。"① 其反对孙中山截留关余的立场，怎会轻易改变。

可见，列强之中，英国对关余问题的态度虽然较为复杂，但在维护整个海关管理权完整的原则上，与其他列强别无二致，再加上麻克类和安格联的极端反对，对孙中山的强硬政策在实际工作中得到贯彻实行，英国外交部的妥协方案胎死腹中。同时，随着英国在远东的势力受到新兴的美日等国的排挤而衰弱，英国

① 《新民国报关于美国使领阻挠广东政府接受南方关余报导》（1923年12月15日），《中华民国史档案资料汇编》第4辑（2），第1601—1602页。

没必要也没有能力单独行动。迫于列强特别是美国的压力，也出于维护其在华利益，英国最终还是同其他列强一样，站到了反对孙中山的立场。

对于美国，孙中山素来情有独钟，尽管他的第一次争拨关余，因为美国的反对而失败。① 正如陈友仁所说："这就是孙博士的计划，即：要求美国介入，并派一位强人到中国去，例如休斯先生这样的人。"② 但事实上，此一时期的美国历届政府，从威尔逊到哈定，再到柯立芝，对孙中山和其广州大本营都是置若罔闻。舒尔曼甚至认为，孙中山是"中国再统一的一个显著障碍"。③ 而孙中山认为，华盛顿会议名义上是维护中国统一，实际上却是助长了战乱，"他们不是按照华盛顿会议的决议以自己的干涉裁减督军的军队，反而支持督军"。④ 但是孙中山一直相信，由美国出

① 参见陈诗启《中国近代海关史（民国部分）》，人民出版社，1999，第 103 页。

② 〔美〕韦慕廷：《孙中山——壮志未酬的爱国者》，杨慎之译，中山大学出版社，1986，第 153 页。

③ The Minister in China（Schurman）to the Secretary of State, 25 June, 1922, *FRUS*, Vol. I, p. 724.

④ 《鲍罗廷笔记》，1924 年，中共中央党史研究室第一研究部编《共产国际、联共（布）与中国革命文献资料选辑（1917—1925）》，北京图书馆出版社，1997，第 566—570 页。

面，再次召集和平会议，有利于中国的统一。1924 年1 月 13 日，孙中山在与《芝加哥报》远东记者胡特谈话时表示："为今之计，只可利用列强之势力，惟列强必坚抱为助中国之好意。"接着提出了对美国的厚望："余以为今美国当首先提倡此和平计划，以美之商与列强，可使他国同调。况华人素信任美，如美国宣告将在上海或其它中立区，召集一和平会议，全国必响应之，各国必加入。"孙中山为了避免美国出面有干涉中国内政之嫌，认为这个会议可以由中国首先提倡，然后请美国和其他列强参与，"则天下皆不可以非之……武人谁敢不加入"。[①] 对美国信任之至，由此可见一斑。可是，美国在关余危机中的表现，对孙中山来说无异于当头一瓢冷水。

关余危机爆发后不久，美国驻华公使舒尔曼就向美国国务院建议，除了实施战争外，可采取任何措施防止中国海关的分裂。[②] 美国国务卿休斯则向总统柯立芝建议派美国海军联合舰队到中国，以阻止广东的

<hr>

① 《与胡特的谈话》（1924 年 1 月 13 日），《孙中山全集》第 9 卷，第 55—56 页。

② The Minister in China（Schurman）to the Secretary of State, 1 December, 1923, *FRUS*, p. 559.

威胁举动，得到柯立芝的同意。① 事实上，美国向广东派驻军舰的数量为列强之最。② 10 月 24 日，美国公使舒尔曼与顾维钧会晤时表示："美政府仍持往昔看法，以为使团对于关余之关系，仅如信托人代表中国已经列国承认之政府，暂行经理而已。否则条约上之根据，将完全消失。"③ 显然，美国是从整个条约体系和海关制度的完整性不容破坏的角度，反对孙中山的行动的。战后美国在远东事务中发挥作用的办法就是维持均势，保障其条约权益。孙中山的行动极有可能导致他省的仿效，从而引发多米诺骨牌效应，进而危及美国在战后构建的远东国际关系。这就决定了美国与列强在关余问题上的"颇能一致性"。

在关余危机后期，南方乃至全国的舆论浪潮一致对向美国，甚至有抵制美货的倾向，希望能促使其转变。12 月 15 日的《新民国报》声称："日来广州市民闻此消息，异常激昂，群拟在十六日公民大会提议应

---

① President Coolidge to the Secretary of State, 5 December, 1923, *FRUS*, p. 562.
② 《本社专电》，《民国日报》（上海）1923 年 12 月 21 日，第 2 版。
③ 王聿均：《舒尔曼在华外交活动初探（1921—1925）》，《中央研究院近代史研究所集刊》1969 年第 1 期。

付方法，大抵二十年前之抵制美货运动，又将见于今日。"① 17 日，广州海陆工人积极酝酿罢工，"惟有一致拒绝与其工作"，② "以制其交通上之死命"。③ 18日，湖南旅粤学会也指责美国的干涉行为："嗾令该国泊菲舰队六艘驶入广州，藉示威胁，助桀为虐，实深发指。"④ 美国利益遭遇激烈的抵制，此乃舒尔曼出面调停之原因。《顺天时报》论称："及遭南方舆论之猛烈攻击，并见南方各处排美热日盛，遂百方辨明其无借武力解决劳动者之反抗也。"⑤ 由美国出面调停，并不意味着美国可以因此而脱离众列强而单独行动，从舒尔曼调停的结果看，拨关余一部分为治河经费也是列强商议一致的结果。⑥ 1924 年 1 月 9 日，舒尔曼

---

① 《新民国报关于美国使领阻挠广东政府接受南方关余报导》（1923年 12 月 15 日），《中华民国史档案资料汇编》第 4 辑（2），第1601—1602 页。

② 《公团致各领事书》，《广州民国日报》1923 年 12 月 17 日，第 3 版。

③ 《海员罢工之酝酿》，《广州民国日报》1923 年 12 月 27 日，第 6 版。

④ 《湖南旅粤学会反对美泊菲舰队驶入广州干涉南方政府收回关余电》（1923 年 12 月 18 日），《中华民国史档案资料汇编》第 4 辑（2），第 1604—1605 页。

⑤ 《广东截留关税问题》，《顺天时报》1924 年 1 月 27 日，第 2 版。

⑥ 王聿均：《舒尔曼在华外交活动初探（1921—1925）》，《中央研究院近代史研究所集刊》1969 年第 1 期。

再次表示："华盛顿态度未尝丝毫改变，仍将与列国共求维持关政之统一。"① 可以说，舒尔曼扮演的依然是列强"发言人"的角色。

1923 年 12 月 17 日，孙中山为粤海关事件致书美国国民，痛斥美国的武装干涉政策，怀疑美国已经从一解放者而蜕化成压迫者。② 美国驻粤总领事詹金斯声称，孙中山的致书对舒尔曼的调停行动产生了作用。"广州报纸指控美使舒尔曼赞同曹锟之贿选；孙先生致电美国国民，对美舰威胁广州，提出控诉。凡此情势，皆为舒尔曼访粤之主因。"但这丝毫没有改变美国对广州大本营的根本态度，舒尔曼指出："目前美国亦无承认军政府之计划。"③ 另有资料显示，孙中山曾经派马素为代表远赴美国，为关余一事向美国总统询问。结果除了美国参议院史克逊和米克柯波表示同情以外，总统并无任何表示。④ 虽然

---

① 《美使遨游粤滇之经过》，《申报》1924 年 1 月 11 日，第 13 版。
② 《致美国国民书》（1923 年 12 月 17 日），《孙中山全集》第 8 卷，第 521—522 页。
③ 王聿均：《舒尔曼在华外交活动初探（1921—1925）》，《中央研究院近代史研究所集刊》1969 年第 1 期。
④ 《马素代表孙文见美国总统谈粤关税》，《申报》1924 年 1 月 13 日，第 4 版。

关余事件最后经舒尔曼的调停，北京答应拨付一部分关余作为治河费用，但迟至 1924 年 6 月 19 日才拨付。这样的结果也仅仅是为了保全列强、北京政府与广州三方颜面的折中之计，没有达到孙中山的主要目的。

1924 年 1 月 6 日，舒尔曼顺道赴粤，孙中山在与其会谈时，认为应该由美国出面择地召集会议，协助中国解决时局问题。① 但是舒尔曼对此避而不谈，而是专注于海关问题："美政府对于此举，是否表示提倡，与本使毫无关系，惟对于海关问题，本使当尽力讨论，因美国对此节极为注意。"② 实际上，就此次关余问题而言，"美使之意，以为南政府未为外交团承认，不便与粤政府开谈判"。③ 在涉及外交承认的重大问题上，美国是慎之又慎。

此一时期，不仅孙中山及其广州大本营，甚至全体民众，对美国的认识都经历了一个由期望到失望的

---

① 《大元帅对美使解决时局谈》，《民国日报》（上海）1924 年 1 月 13日，第 3 版。

② 王聿均：《舒尔曼在华外交活动初探（1921—1925）》，《中央研究院近代史研究所集刊》1969 年第 1 期。

③ 《美使与关余问题》，《申报》1924 年 1 月 14 日，第 7 版。

过程。关余危机中孙中山对于美国的倚重不可谓不大，但是，"当时美国的执政者，只认定谁是中国的实际统治者，谁为国际间所承认，谁就是中国惟一合法的代表，美国就要为他尽'支持'的义务。至于这个政府是否建立在稳固的民意基础上，其施政是否能保障人民的福祉，其制度是否与民主制度兼容，美国的执政者似乎不愿多闻。此一观念，似乎已成为美国对外政策的不成文规律"。① 当时中国的舆论也认为，"美国的对华政策，素来很博得华人的同情，但仔细计算，同情之下，实在空无所有"。② 关余危机中，孙中山对美国的"敏捷外交"及其失败，就是一个缩影。

综上所述，孙中山想通过关余斗争来获得列强的外交支持，而列强却时刻注意与他和他的广州大本营保持距离，列强所有的做法都是围绕一个目的：不要给孙中山任何一个可资解读为"承认"的借口或信

---

① 李云汉：《中山先生护法时期的对美交涉》，张玉法主编《中国现代史论集》第 7 册《护法与北伐》，台北，联经出版事业有限公司，1982，第 248、247 页。

② 《粤海关案中对美的国民态度》，《民国日报》（上海）1923 年 12 月 21 日，第 2 版。

号。正如英国驻华公使麻克类给英国外交部的电文里所说："孙中山已经宣布，他不承认北京政府为中国的合法政府，如果列强鼓励这样的想法，允许孙中山保留关税或获得一部分关余份额，不管这些钱在地方上被用在何处，此举就等于承认他代表了一个独立的政府。"[①] 孙中山曾经请途经香港的葡萄牙公使符礼德居中调停，并提议召开有广东领事团和北京、广东两政府代表参加的会议。可是列强认为召开这种会议，"有事实上承认广东政府之虞"，[②] 况且各国公使，"以葡国在广东有澳门之关系，与各国情形，又有不同，故雅不欲由符使出任调停之责"，[③] 因而拒绝了孙中山的建议。北京公使团与孙中山所有交涉的公文，都是由英国驻广州总领事杰弥逊代为转达。[④] 舒尔曼的调停，也是借口"顺道而来"。所有这些，都是为了避免把广州大本营作为外交实体，变相地予以支持或

① 张俊义：《南方政府截取关余事件与英国的反应（1923—1924）》，《历史研究》2007 年第 1 期。
② 「孫文ヨリ関税剰余ニ関シ葡国公使ヲ通ジ北京外交団ヘノ申入ニ対シ外交団ハ之ヲ拒否スル様広東 首席領事ヘ依頼ノ件」大正十二年、『日本外交文書』第 2 冊、第 629 頁。
③ 《粤海关交涉之搁置》，《顺天时报》1924 年 1 月 6 日，第 2 版。
④ 《广州关税风潮》，《晨报》1923 年 12 月 25 日，第 2 版。

导致带有承认之嫌疑。由此可见，孙中山和他的广州政府在关余危机中可谓四处碰壁，尴尬和"单相思"一再发生，何得"敏捷"之誉？环顾四周，唯有苏俄和中共正翘首以待。

四　苏俄和中共伸出援手

　　孙中山在关余危机中对美、日、英曲意图全，并没有使苏俄将其抛弃另作他图，苏俄反而在危机后期成功地将孙中山纳入自己的阵营。这一方面是因为，苏俄放弃支持陈炯明、吴佩孚之后，孙中山和广州大本营的地位得以凸显；另一方面是因为，孙中山面对关余危机后的内外交困，不得不转而做现实的考虑。但是，不管谁被苏俄选择来实施中国的资产阶级民主革命，都会被纳入其世界革命的政治战略之中。

　　为何要在中国发起资产阶级民主革命，如何在中国发动革命？按照苏俄革命的经验，革命分为两步：第一步，与资产阶级民主派如孟什维克等合作，推翻专制残暴的沙俄政府，建立资产阶级民主政府；第二步，布尔什维克领导工人、农民和士兵，推翻资产阶

69

级临时政府，建立苏维埃。所以，苏俄在中国一方面促进早期共产主义力量的发展，帮助建立中国共产党；另一方面，促成其与资产阶级民主派合作，从而发展壮大力量。这是理解国共合作、国民革命整个历史过程的关键。

孙中山及其政党，是苏俄工作的重点。苏俄认知孙中山的历史非常悠久。1896年，孙中山伦敦蒙难，第二年《伦敦被难记》英文版出版，俄国革命者即与其联系，随后，孙中山蒙难的过程和访谈就在《俄国财富》上刊登。[①] 1906年，孙中山在日本遇见俄国民粹主义者鲁塞尔，二人颇为投契，同盟会的机关刊物《民报》称颂了鲁塞尔及其同志的暗杀革命。[②] 孙中山的革命活动引起了列宁的注意，列宁称赞其纲领"字里行间都充满了战斗的、真诚的民主主义"，他们是"正义的和有力量的"。"他们在主观上是社会主义者，因为他们反对对群众的压迫和剥削。"[③] 按照列宁的看法，中国上海等地的无产阶级成长起来后，将建立社

---

① 李玉贞：《国民党与共产国际（1919—1927）》，第2—3页。
② 李玉贞：《国民党与共产国际（1919—1927）》，第10—11页。
③ 《中国的民主主义和民粹主义》（1912年7月15日），《列宁选集》第2卷，人民出版社，1995，第291、293页。

会民主工党之类的组织，他们将批判孙中山的小资产阶级空想和"反动观点"，但"大概会细心地挑选出他的政治纲领和土地纲领的革命民主主义内核，并加以保护和发展"。[①]

1919年3月2日，第三国际在莫斯科成立，中国代表刘绍周、张永奎参加成立大会。大会通过《共产国际纲领》，认为资本主义土崩瓦解、无产阶级革命的时代已经到来，苏俄革命的模式值得向全世界推广，无产阶级专政是革命的要点。[②] 第三国际（共产国际），是世界革命的总参谋部。所谓世界革命，按照列宁在1920年召开的共产国际第二次代表大会上的指示，就是在资本主义大国及其殖民地之间，各打进一个楔子，从而削弱这些大国的一种战略。但是，所谓的"世界革命"，已经打上了"以苏俄为中心"的烙印。同时，对于先进国家的工人运动与殖民地和被压迫民族的解放运动，列宁更把希望寄托于后者，"如果反对资本的欧美工人不和受资本压迫的千百万'殖民地'奴隶

---

① 《中国的民主主义和民粹主义》（1912年7月15日），《列宁选集》第2卷，第296页。
② 李玉贞：《国民党与共产国际（1919—1927）》，第34—37页。

在斗争中充分地最紧密地团结起来，那么，先进国家的革命运动实际上不过是一种幻影"。[1] 况且，"从殖民地所取得的额外利润，是现代资本主义财力的最主要源泉。欧洲工人阶级只有在这种源泉完全枯竭时，才能够推翻资本主义制度"。[2] 为此，列宁在共产国际第二次代表大会上专门起草了《民族和殖民地问题提纲初稿》，并得以通过，这成为指导中国等亚洲国家，甚至整个被压迫民族和殖民地民族革命的纲领性文件。

1919年10月10日，中华革命党改名为中国国民党。而苏俄的主动动作也接踵而至。苏俄较早与孙中山进行接触的是波达波夫，时间大约是1919年底1920年初。从波达波夫给契切林的报告中可以看出，早期孙中山对苏俄的基本态度是不支持、不相信，把同苏俄交往看成一种别扭甚至忌讳。孙中山认为，如果他同莫斯科的交往暴露，会给他在外国租界逗留和在中国进行的工作造成麻烦。[3] 1920年3月，波波夫

---

[1] 《共产国际第二次代表大会》（1920年8—9月），《列宁全集》第39卷，人民出版社，1986，第267页。

[2] 《列宁斯大林论中国》，人民出版社，1965，第51页。

[3] 《波达波夫给契切林的报告》（1920年12月12日），中共中央党史研究室第一研究部译《联共（布）、共产国际与中国国民革命运动（1920—1925）》，北京图书馆出版社，1997，第48页。

持阿穆尔州布尔什维克正式介绍信到上海拜访了孙中山。[1] 4月，吴廷康（维经斯基、魏金斯基）奉俄共（布）远东局符拉迪沃斯托克（海参崴）处外事科之命到中国，会见了陈独秀，并经陈独秀晋谒了孙中山。[2] 根据吴廷康的忆述，此行的目的，"认识了孙中山我就可能认识陈炯明将军和就近仔细观察他的'神奇的'空想和计划"。吴廷康对陈炯明的印象不错，觉得他"意志坚强，很能自我控制。就其谈吐和举止看，他是个清教徒。他敬重孙中山，但认为孙是理想家和脱离实际的人"。[3] 6月，旅俄华工联合会在莫斯科举行第三次代表大会，选举孙中山和列宁同为大会名誉主席。[4] 同年10月，苏俄契切林致函孙中山，建议恢复双方的贸易关系；翌年8月，孙中山回应说，这是他收到的第一封来自苏俄的信，不必着急，等他取代了亲日的北京政府不迟。[5]

1921年6月3日，共产国际正式代表马林来到上

① 李玉贞：《国民党与共产国际（1919—1927）》，第57页。
② 李玉贞：《国民党与共产国际（1919—1927）》，第58页。
③ 〔苏〕维经斯基：《我与孙中山的两次会见》，《共产国际、联共（布）与中国革命文献资料选辑（1917—1925）》，第99、101页。
④ 李玉贞：《国民党与共产国际（1919—1927）》，第61页。
⑤ 李玉贞：《国民党与共产国际（1919—1927）》，第53、63—64页。

海。7月，他与共产国际远东书记处的尼克尔斯基一起，参加了中国共产党第一次全国代表大会。中国共产党甫一成立，即明确宣布，"与无产阶级一起推翻资产阶级的政权，必须支援工人阶级，直到社会的阶级区分消除为止"，"承认无产阶级专政"，"消灭资本家所有制"，"联合第三国际"。① 这一立场，决定了其对其他政党的态度，中国共产党第一个决议明确宣布：

> 对现有其他政党，应采取独立的攻击的政策。在政治斗争中，在反对军阀主义和官僚制度的斗争中，在争取言论、出版、集会自由的斗争中，我们应始终站在完全独立的立场上，只维护无产阶级的利益，不同其他党派建立任何关系。②

如前所述，秉承共产国际"世界革命"思想的马林另有所本。1921 年 12 月 23 日，在张太雷的陪同下，马林来到桂林，谒见正在筹备北伐的孙中山。在

---

① 《中国共产党第一个纲领》，中央档案馆编《中共中央文件选集》第 1 册，中共中央党校出版社，1989，第 3 页。
② 《中国共产党第一个决议》，《中共中央文件选集》第 1 册，第 8 页。

随后的三次谈话中，双方坦诚地交换了意见。双方认为，华盛顿会议表明列强插手中国事务，中俄同为"受害者"；马林介绍了俄国的"新经济政策"，孙表示赞许，但不能接受马林所介绍的共产主义；马林认为孙中山的《建国方略》在列强环伺的情况下根本不现实；孙中山表示马克思主义在中国古已有之，自己则继承了孔孟以来延续了两千多年的中国道统；马林表示革命政府应加强与苏俄的合作，增强国家地位，孙中山表示暂时不能与俄结盟，否则英国会破坏其进兵计划，"一俟义师北伐，直捣幽燕，再谋合作，未为晚也"。孙中山在会谈中表现出来的对中国文化和三民主义的自信，给马林留下了深刻印象。[①] 双方虽无具体成果，孙中山此后也深为陈炯明的不合作所苦，但双方的近距离接触，影响了共产国际对孙中山的印象，随后采取了更加积极的动作。1922 年 1 月 21 日至 2 月 2 日，远东人民代表大会在苏俄召开，在马林运作下，国共两党 39 人与会，代表团团长为中共党员

---

① 邓家彦：《马丁谒总理实纪》，罗家伦编《革命文献》第 9 辑，第 203—207 页；李玉贞：《国民党与共产国际（1919—1927）》，第 69—72 页；桑兵主编《孙中山史事编年》第 7 卷，1921 年 12 月 23 日条，第 4186—4188 页。

张国焘，张秋白为孙中山任命的代表。会上，季诺维也夫批评了孙中山寄希望于美国的做法，张秋白则宣扬了三民主义，说苏维埃与三民主义"巧合"，称国民党不会接受美国式民主，拒绝了土地国有化政策。[1] 1922 年 4 月 26 日，共产国际远东书记处达林到广州谒见孙中山，至陈炯明叛变，双方多次会谈。达林宣扬了苏维埃的好处，鼓动孙中山与苏俄结盟。孙中山表示，苏维埃制度值得怀疑，提出给达林一个贫困山区作为试验田，"如果你们的经验是成功的，那么我一定在全国实行这个制度"；至于结盟，一个英国会反对，另一个广州政府内部有异议，希望在未来进行。孙中山还讨论了在苏俄支持下，在中国西北地区发动革命的可能。[2]

就在马林、达林试图说服孙中山的同时，中国共产党也在经历指导思想上的变化。1922 年 4 月 6 日，陈独秀致信吴廷康，明确表示反对马林关于中共和社会主义青年团加入国民党的建议，胪陈理由六条：

---

① 李玉贞：《国民党与共产国际（1919—1927）》，第 87—96 页。
② 李玉贞：《国民党与共产国际（1919—1927）》，第 112—113 页；桑兵主编《孙中山史事编年》第 8 卷，1922 年 4 月 26 日条，第 4280—4282 页。

（一）共产党与国民党革命之宗旨及所据之基础不同。

（二）国民党联美国、联张作霖段祺瑞等政策和共产主义太不相容。

（三）国民党未曾发表党纲，在广东之外之各省人民视之，仍是一争权夺利之政党，共产党倘加入该党，则在社会上信仰全失（尤其是青年社会），永无发展之机会。

（四）广东实力派之陈炯明，名为国民党，实则反对孙逸仙派甚烈，我们倘加入国民党，立即受陈派之敌视，即在广东亦不能活动。

（五）国民党孙逸仙派向来对于新加入之分子，绝对不能容纳其意见及假以权柄。

（六）广东北京上海长沙武昌各区同志对于加入国民党一事，均已开会决议绝对不赞成，在事实上亦已无加入之可能。①

但在马林的劝说和坚持下，中国共产党很快转变

① 《陈独秀致吴廷康的信——反对共产党及青年团加入国民党》（1922 年 4 月 6 日），《中共中央文件选集》第 1 册，第 31—32 页。

了看法。中共三大时，陈独秀回顾了这个情况："起初，大多数人都反对加入国民党，可是共产国际执行委员会的代表说服了与会者，我们决定劝说全体党员加入国民党。"陈独秀认为这是重大转变，"以前，我们的党的政策是唯心主义的，不切合实际的，后来我们开始更多地注意中国社会的现状，并参加现实的运动"。① 1922 年 6 月 15 日，中国共产党发表了第一份《关于时局的主张》。其中指出军阀政治是中国外患的源泉，也是人民痛苦的源泉。执政的军阀，每每与帝国主义勾结，帝国主义也乐于提供"金力"，一方面可以造成在中国的特殊势力，另一方面可以把中国永远造成他们的市场。宣言分析说："真的民主派，必须有两种证据表现于人民面前：（一）他的党纲和政策必须不违背民主主义的原则。（二）他的行动必须始终拥护民主主义与军阀奋斗。"照这个标准，"中国现存的各政党，只有国民党比较是革命的民主派，比较是真的民主派"。② 当年 7 月，中国共产党在上海召

① 《陈独秀在中国共产党第三次全国代表大会上的报告》，《中共中央文件选集》第 1 册，第 169 页。
② 《中国共产党对于时局的主张》（1922 年 6 月 15 日），《中共中央文件选集》第 1 册，第 37 页。

开第二次全国代表大会，决议加入共产国际，成为"国际共产党之中国支部"。大会因应苏俄与国民党人合作的态势，提出：中国人民的最大痛苦是资本帝国主义和军阀官僚的封建势力，"审察今日中国的政治经济状况，我们无产阶级和贫苦的农民都应该援助民主主义革命运动"。"无产阶级去帮助民主主义革命，不是无产阶级降服资产阶级的意义，这是不使封建制度延长生命和养成无产阶级真实力量的必要步骤"，中国共产党的最高目标是建立共产主义社会。[①] 这在思想、理论和组织路线上，为拟议中的与孙中山和国民党的合作铺平了道路。

在与孙中山逐步加强联系的同时，随着中国国内政治形势的发展，苏俄还与吴佩孚和陈炯明进行了接触。

后因为"叛乱"，陈炯明第一个被苏俄否决。1923 年 1 月 13 日，越飞在给俄共（布）苏联政府和共产国际领导人的信中说："孙逸仙向陈炯明一发起进攻，陈炯明就无可依靠。有一种说法是他已逃跑，

① 《中国共产党第二次全国代表大会宣言》，《中共中央文件选集》第 1 册，第 114—115 页。

另一说法是他还在勉强支持。但是谁也不会怀疑，他的戏已经唱完。"①

从直皖战争，特别是第一次直奉战争后，吴佩孚引起了苏俄越来越多的关注。苏俄驻华特命全权代表越飞1922年8月到华后，立即将吴佩孚夸耀一番："我们都怀着特别关注和同情的心情注视着您，您善于将哲学家的深思熟虑和老练果敢的政治家以及天才的军事战略家的智慧集于一身。"② 苏俄对吴佩孚的奉承和器重，以及对孙中山－吴佩孚"联合政府"的推动，既说明苏俄对中国情形的隔阂，也说明孙中山只是它可选择的方案之一。

但吴佩孚加入"反俄大合唱"，反对苏俄对外蒙古的政策，在1923年初的"二七"罢工中镇压工人、枪杀共产党员，以及孙中山与他尖锐的矛盾，影响苏俄最终选择了孙中山，"吴佩孚和孙逸仙之间关系的尖锐化立即向我们提出了一个我早已提出的问题：一

---

① 《越飞给俄共（布）、苏联政府和共产国际领导人的信》（1923年1月13日），《联共（布）共产国际与中国国民革命运动（1920—1925）》，第196页。

② 《越飞给吴佩孚将军的信》（1922年8月19日），《联共（布）共产国际与中国国民革命运动（1920—1925）》，第99页。

旦吴佩孚和孙逸仙之间发生公开冲突，我们应该选择谁。如果你们记得的话，我对这个问题早就坚定不移地回答：如果我们不得不作出选择的话，我们决不能支持吴佩孚去反对孙逸仙"。①

1923年1月4日，俄共（布）中央政治局决议向国民党提供援助。紧接着，1月12日，共产国际执委会确认：国民党是中国"唯一重大的民族革命集团"，它"既依靠自由资产阶级民主派和小资产阶级，又依靠知识分子和工人"。因此，"年青的中国共产党"与之合作是必要的，"中国共产党党员留在国民党内是适宜的"。共产党应当对国民党施加影响，"以期它和苏维埃俄国的力量联合起来，共同进行反对欧洲、美国和日本帝国主义的斗争"。②

在此背景下，经马林斡旋，越飞与孙中山于1923年1月26日联名发表了《孙文越飞宣言》，要点有

① 《越飞给俄共（布）、苏联政府和共产国际领导人的信》（1923年1月26日），《联共（布）共产国际与中国国民革命运动（1920—1925）》，第210页。

② 《共产国际执行委员会关于中国共产党与国民党的关系问题的决议》（1923年1月12日），中国社会科学院近代史研究所翻译室编译《共产国际有关中国革命的文献资料》第1辑，中国社会科学出版社，1981，第76—77页。

四。其一，孙中山认为，共产组织和苏维埃制度，不能引用于中国，越飞表示"同感"；其二，应孙中山要求，越飞重申将以1920年9月27日宣言为基础，开始中俄交涉；其三，中东铁路维持现状，其管理法"权时改组"，孙中山允与张作霖商洽；其四，越飞表示苏俄无意在外蒙古实施帝国主义政策，孙中山表示俄军不必立即撤退，以免"严重之局面"出现。① 因内中有苏维埃制度不适合中国的宣示，有人认为，这是苏俄"丧失原则的妥协让步，不管出于何种动机，都是一个原则性的错误"。② 如果孙中山联合苏俄发表的目的是借这个宣言刺激一下他的"西方朋友"以自重身家的话，那结果证明孙中山失败了。其实，宣言的发表，是苏俄寻求奥援、制造革命势力的成功，也是其外交围绕主目标、不纠缠细部的老辣之处，让步是故意的，而非孙中山的成功。这一点，在斯大林任命鲍罗廷为孙中山的政治顾问时说得很清楚，他要求鲍罗廷在与孙中山的工作中遵循中国民族解放运动的

① 《孙文越飞联合宣言》（1923年1月26日），《孙中山全集》第7卷，第51—52页。
② 萧甡、姜华宣：《第一次国共合作统一战线的形成》，朱甲成编《中共党史研究论文选》上册，湖南人民出版社，1983，第396页。

利益，决不要迷恋于在中国培植共产主义的目的。①

　　实际上，孙中山在和越飞谈判的同时，派他的外事顾问陈友仁向英国总领事保证：愿与英国改善关系。陈友仁还暗示，如果英国及其他"孙与之共同之处实多"的列强继续反对孙中山，孙中山就可能与日本、苏俄及德国联合。《孙文越飞宣言》发表后的第二天，陈友仁即向列强宣布，孙中山与苏俄一起走多远，将取决于西方的政策。② 孙中山如此费尽周折，西方对他这一行动的反应如何呢？事实上，美国和英国早已习惯孙中山四面八方周旋的做法，他们对孙文－越飞宣言的发表并不吃惊。因为孙中山没有一支军队，因之无价值。《纽约时报》嘲笑说，一直被人们认为是日本扩张主义者的工具、现在又和张作霖混在一起的孙中山，焉能有助于中国的统一？该报社论还指出："倘若越飞先生是真诚热心于中国的重新统一和独立，那他可就找错了人。"③ 西方的反应如此冷淡甚至是讥

---

① 《联共（布）、共产国际与中国国民革命运动（1920—1925）》，第266 页。
② 参见〔美〕史扶邻《孙中山：勉为其难的革命家》，丘权政、符致兴译，中国华侨出版社，1996，第 194—195 页。
③ 参见〔美〕史扶邻《孙中山：勉为其难的革命家》，第 194—195 页。

讽，这是孙中山始料未及的。从这个意义上讲，《孙文越飞宣言》的结果，是把孙中山逐步推向了他并没有充分准备好的联俄道路。可以说，1923年下半年的关余事件与上半年的《孙文越飞宣言》，是孙中山"一计不成，又生一计"的结果，孙中山的联俄举动并没有妨碍他借关余事件继续擘画他对西方的谋略，两者并行不悖。

1923年8月16日，以蒋介石为团长的"孙逸仙博士代表团"启程赴苏联考察。

同年10月6日，苏俄政府委派鲍罗廷为驻广州革命政府的代表（其官方身份仍为苏俄驻北京使团的成员），鲍罗廷同时受聘为国民党的政治顾问。10月18日中山亲书"委任鲍罗廷为国民党组织教练员"。[①] 鲍罗廷开始了他影响国民革命至深且巨的生涯。

然而，不管苏俄政府对此次鲍罗廷来华如何寄予厚望，在来到广州的最初几个月里，鲍罗廷与广州大本营的合作面临诸多困境，在很多重要问题上双方难以契合。实际上，关余斗争后期，孙中山对于联俄还

① 《给鲍罗廷委任状》（1923年10月18日），《孙中山全集》第8卷，第300页。

是心有不甘、若有所失。正如丹尼尔·雅各布斯所说：
"孙中山竭力劝说自己的信徒'摆脱成见'，接受'俄国的斗争方法'，但他自己却时常不把这些忠告放在心上，他对同俄国人联合感到很不舒服。孙中山希望真正的西方出于某种原因，以某种方式前来解救他，他无法完全放弃这种希望。"① 孙中山还在举棋不定，这个时候，关余危机中英、美、日的反应给了孙中山沉重一击，形势最终迫使他在其"单相思"的西方列强与"翘首以待"的苏俄之间做出选择。

1923 年 12 月，关余危机达到高潮之时，鲍罗廷却不得不离粤赴沪。② 当他再次返粤的时候，关余危机已经接近尾声。1924 年 1 月，鲍罗廷询问谭平山："（在关余危机中）孙得到些什么？谭平山回答道：'暂时没有得到。最近几个星期来，他对这个问题没有发表自己的意思。'"谭平山并没有否认孙中山在精神上有所得，"当然这次行动在精神上具有某

① 〔美〕丹尼尔·雅各布斯：《鲍罗廷——斯大林派到中国的人》，殷罡译，世界知识出版社，1989，第 122 页。

② 在上海的国民党右派反对国民党的改组，同时共产党内部也因是否加入国民党问题而产生严重分歧，鲍罗廷不得不于 1923 年 11 月 28 日与廖仲恺、谭平山离粤赴沪。参见〔美〕陈福霖、余炎光《廖仲恺年谱》，湖南出版社，1991，第 207 页。

种影响",① 这种精神所得，指的应是孙中山在关余危机中所遭遇的失败对其外交思想的影响。实际上，在关余危机后期，孙中山的外交政策已经开始发生转变。12月22日，孙中山在广东基督教会学院演说时，声色俱厉地抨击英美等帝国主义国家的侵略政策。孙中山指出，在未来十年之内将会爆发一场世界大战，当今被帝国主义和军阀压迫的国家将会拿起武器，奋起反抗。"十年之内，你们将会体会到中国的舰队驻泊在旧金山港是一种什么感觉。中国正在与苏联联盟，而且在不久后的、同你们这些所谓的'上等'国家的决战中，也将会同德国、印度以及日本结盟。"② 12月31日，他在广州基督教青年会演说时又表示："我再也不指望西方列强了，我的立场转向俄国。"③

在舒尔曼调停期间，孙中山曾言及："列强不是按照华盛顿会议的决议以自己的干涉裁减督军的军队，

---

① 《谭平山与鲍罗廷的谈话》（1924年1月10日），《共产国际、联共（布）与中国革命文献资料选辑（1917—1925）》，第557— 562页。
② Résumé of Dr. Suns Remarks at Canton Christian College, *BDFA*, p. 147.
③ 〔美〕韦慕廷：《孙中山——壮志未酬的爱国者》，第203页。

反而支持督军。"这句话给人的印象是孙中山为了裁减督军而赞同外国人干涉中国事务。作为一位政治家，说出这样的话当然不妥，为此孙中山忐忑不安，问计于鲍罗廷。鲍罗廷认为："在这种场合，孙中山有极好的机会消除关于他同外国人妥协和拥护外国对中国进行干涉的一切臆测。这样的演说将在全世界发表，到那时，美国公使舒尔曼利用孙中山的名字来为帝国主义对中国进行勒索的企图将遭到可耻的失败。"[①] 孙中山终于识时务地放弃了对西方列强的"单相思"。孙中山精心推动的关余斗争以寻求西方的支持开始，却以与西方的背道而驰告终。

但是，应当指出，孙中山最后的联俄是非常具有策略性的，也可以说是力图利用苏俄，这与苏俄利用孙中山达成其世界革命的目标如出一辙。关余危机中，有记者问过孙中山这样一个问题："您认为苏维埃是民主吗？"孙中山毫不迟疑地回答说："苏维埃是什么，我并不介意，只要他们能够帮助我反对北京，也就行了。"然而"（关余）危机增强了他的信念：西方

---

① 《鲍罗廷笔记》，1924 年，《共产国际、联共（布）与中国革命文献资料选辑（1917—1925）》，第 568—569 页。

政府是反对他的，唯一的希望在于苏维埃俄国"。①1924 年 1 月 20 日，随着国民党第一次全国代表大会召开，孙中山的联俄外交在制度上正式确立，广州大本营外交的新陈代谢也得以阶段性完成，并直接导向以联俄联共为主要特色的国民革命的发动。

---

① 〔美〕韦慕廷：《孙中山——壮志未酬的爱国者》，第 157、200 页。

五　苏俄、中共引导国民党改组

　　如前所述，1919 年以来，苏俄和共产国际积极主动地对孙中山开展工作，谋求合作乃至结盟。中国共产党在苏俄的影响和要求下，也做了一系列的准备。国内外形势的变化，也为他们之间合作的实现，创造了一系列有利条件。但合作，毕竟需要孙中山的首肯和国民党本身的变化，这当中，孙中山的态度又是关键。

　　陈炯明叛变，是孙中山一生中最为灰暗的时期之一。其时，达林留在广州。孙中山请叶夫根尼・陈（按：即陈友仁）转告他："在这些日子里，我对中国革命的命运想了很多，我对从前所信仰的一切几乎都失望了。而现在我深信，中国革命的唯一实际的真诚的朋友是苏俄。""苏俄甚至在危难之中也是我唯一的朋友。我决定赴上海继续斗争。倘若失败，我则去苏俄。"[1] 虽然从 1923 年关余事件前后可以看出，孙中山此时所述认定苏俄为唯一朋友，只是阶段性话语，但在当时，陈炯明事件成了促成一系列激剧变动的契机。

加强党的作用，防止陈炯明叛党叛国之类的事情再次发生，像苏俄党那样集中在列宁旗帜下如臂使指，显然是孙中山改组国民党的动机。但说起来匪夷所思的是，这个党自成立以来，没有召开过全国代表大会，外间颇不了解它，其自身更不知道如何改组，以适合新的形势。苏俄和中共因此而在国民党改组中发挥出巨大的作用，换言之，苏俄的引导和中共的加入，就是国民党改组的核心内容。

1922 年 6 月中共第一份对时局的主张和随后的二大，主旨是与国民党合作。8 月，孙中山力竭回到上海后，李大钊陪同马林会见了孙中山。此后，马林回俄，向共产国际建议共产党在国民党内开展工作；李大钊则经孙中山主盟，加入国民党，这还是在李大钊

---

[1] 〔苏〕C. A. 达林：《中国回忆录（1921—1927）》，侯均初等译，李玉贞校，中国社会科学出版社，1981，第 126 页。

亲承为第三国际党员的情形下。孙、李废寝忘食，"讨论振兴国民党以振兴中国之问题"。①

但是，孙中山主张共产党员以个人身份加入国民党，并不接受党外联合，而一些中共领导成员担心加入国民党，会失去独立性。马林曾多次与孙中山交涉，非常了解孙的思路，他建议实行党内合作，获得共产国际批准。1922 年 8 月 29—30 日，中共中央执行委员会在杭州西湖召开会议，陈独秀、李大钊、蔡和森、张国焘、高君宇、张太雷和马林与会，专门讨论国共合作方式。起初，执行委员会并不赞成马林，但经说服，最终同意，"在孙中山改组国民党的条件下，由共产党少数负责人先加入国民党，同时劝说全体共产党员以个人名义加入国民党"。②

西湖会议后不久，陈独秀发表了《造国论》，直接揭橥"国民革命"大旗。他说："时局真正的要求，是在用政治战争的手段创造一个真正独立的中华民国。"怎么造？"组织真正的国民军创造真正的中华民

①　《李大钊文集》（下），人民出版社，1984，第 890 页。
②　中共中央党史研究室：《中国共产党历史》第 1 卷上册，中共党史出版社，2011，第 84 页。

国。""无产阶级革命的时期尚未成熟，只有两阶级联合的国民革命（National Revolution）的时期已经成熟了。"他总结"造国"的程序说：

第一步　组织国民军；

第二步　以国民革命解除国内国外的一切压迫；

第三步　建设民主的全国统一政府；

第四步　采用国家社会主义开发实业。[①]

在陈独秀之前的 1906 年，孙中山、黄兴、章太炎等也曾与"英雄革命"相对，使用"国民革命"一词。他们在《中国同盟会革命方略》中提出："前代为英雄革命，今日为国民革命。所谓国民革命者，一国之人皆有自由、平等、博爱之精神，即皆负革命之责任，军政府特为其枢机而已。"[②] 因胡汉民、汪精卫也曾修改该文件，未详"国民革命"

---

① 独秀：《造国论》，《向导》第 2 期，1922 年 9 月，第 9—10 页。
② 《中国同盟会革命方略》（1906 年秋冬间），《孙中山全集》第 1 卷，第 296 页。

究竟是独创还是集体智慧结晶，但孙中山自此以后多年未使用"国民革命"一词。从具体的内涵看，陈独秀所说的"国民革命"更接近1924—1927年那场革命的宗旨。该词随即风靡全国，成为一个时代的标识。

历史在这一瞬，似乎有意加快了演进速度，以成交相鼓荡之局面。1922年9月4日，孙中山在上海召集张继等53人，讨论改组国民党；6日，指定丁惟汾、陈独秀、张秋白等9人规划国民党改进方略。后因其中一些人北上，又增补叶楚伧、孙科等人。当时国民党有约20万党员，但良莠不齐，孙中山认为"此皆以前秘密二字之所致，因拟将国民党扩充，以后纯取公开制度，无论何方人士，只要能守党规者均可入会"。汪精卫等"一致赞成"。①

1923年1月1日，《中国国民党宣言》发表。《中国国民党宣言》（以下简称《宣言》）将"溯自兴中会以至于今，垂三十年"的历史，均归结于中国国民党党史之下，"民国以前，吾党本主义以建立民国；民国以

---

① 桑兵主编《孙中山史事编年》第8卷，1922年9月4日条，第4533—4534页。

后，则本主义以捍卫民国"。《宣言》以三民五权学说，提出三方面政纲，一为"民族"主义的新界定："消极的为除去民族间之不平等，积极的为团结国内各民族，完成一大中华民族。""内以促全国民族之进化，外以谋世界民族之平等。"二为"民权"主义之新阐发：实行普选；人民以集会或总投票，行使创制、复决、罢免各权；确定人民有集会、结社、言论、出版、居住、信仰之"绝对自由权"。三为"民生"主义之再规定：由国家规定土地法、使用土地法及地价税法；铁路、矿山、森林、水利等，国家设立机关管理，工人参与管理；清查户口，整理耕地；改良币制；制订工人保护法；男女地位平等；改良农村，徐谋地主佃户地位平等。① 同一天《中国国民党党纲》（以下简称《党纲》）亦颁布，重申《宣言》的各项原则。② 《宣言》和《党纲》是三民主义发展史上的重要文献，与《孙文越飞宣言》《造国论》及其他中共文件的契合，说明长期以来苏俄对孙中山及其政党"革命民主主义"的判定基本吻

---

① 《中国国民党宣言》（1923 年 1 月 1 日），《孙中山全集》第 7 卷，第 1—4 页。

② 《中国国民党党纲》（1923 年 1 月 1 日），《孙中山全集》第 7 卷，第 4—5 页。

合事实，其中包含的国家资本主义倾向，也甚为符合共产主义者实现最高纲领之前蓄积无产阶级力量的基本理论；同时说明中国共产党的政策宣示，体现了当时共产国际的基本诉求。国民党、共产党和共产国际理论、路线、政策在这前后形成的多个方面的一致，是双方开展紧密合作的前提。

然而，中国共产党人非常强调自己的独立性，思想、组织和行动上的独立性都有体现。中共二大强调了支持民主革命的立场，但是，它坚定地指出："我们无产阶级有自己阶级的利益，民主主义革命成功了，无产阶级不过得着一些自由与权利，还是不能完全解放。而且民主主义成功，幼稚的资产阶级便会迅速发展，与无产阶级处于对抗地位。因此无产阶级便须对付资产阶级，实行'与贫农联合的无产阶级专政'的第二步奋斗。如果无产阶级的组织力和战斗力强固，这第二步奋斗是能跟着民主主义革命胜利以后即刻成功的。"① 就历史事实而言，这"第二步"始终对中共领导人有莫大的吸引力，迅速还是稳健地取得第二阶

① 《中国共产党第二次全国代表大会宣言》，《中共中央文件选集》第1册，第114—115页。

段革命的目标，曾引发一系列争论。

共产国际执委会在力主国共合作的同时，明确要求中共必须保持原有的组织和严格集中的领导机构。"在对外政策方面，中国共产党应当反对国民党同资本主义列强及其代理人——敌视无产阶级俄国的中国督军们的任何勾搭行为。"①

对于孙中山强调在"本党"主义的旗帜下建立的民国，蔡和森认为，"故中华民国，乃是革命阶级羽毛未丰，将就封建的旧支配阶级势力，与之调和妥协而后苟且成立的"。对国民党人的护法、北伐等，蔡和森另有评判的眼光："十年以来的内乱与战争，既不是'南''北'地域之争，又不是'护法'与'非法'之争，更不是'统一'与'分离'之争；乃是封建的旧支配阶级与新兴的革命阶级之争。"把国民党人定位于"新兴阶级"，让否定阶级斗争的他们颇为矛盾。蔡和森说："这样的阶级战争，发生于一定的经济情形和国际情形之下，谁也不能否认。"蔡和森

---

① 《共产国际执行委员会关于中国共产党与国民党关系问题的决议》
（1923年1月12日），《共产国际有关中国革命的文献资料》第1
辑，第76—77页。

展望的中国统一局面，与孙中山颇异其趣："我们惟望结合伟大的革命群众的势力，尤其是最能革命的工人阶级的势力来统一。统一的目的要建筑在最大多数贫苦群众的幸福和全国被压迫民族的对外独立上，才能够真正的统一。"①

这些思想、路线上的不同，表现于言行。西湖会议，本就设定孙中山改组国民党为共产党加入其中的前提。马林本人也认为，对孙中山的援助"要据他全面改组国民党的愿望而定"。② 而孙中山有自己的节奏。

春天以后，马林多次会见孙中山，推动其改组国民党。而孙中山专注于讨伐陈炯明，而且设定了"无条件投降"的条件。③ 对于改组事，似乎另有打算，言行枝蔓，不得要领。1923 年 6 月 12—20 日，中共三大在广州召开，会议文件表示："中国的无产阶级应当最先竭全力参加促进此国民革命，并唤醒农民，

① 和森：《武力统一与联省自治——军阀专政与军阀割据》，《向导》第 2 期，1922 年 9 月，第 13—15 页。
② 《收发函电记录》（1923 年 4 月 30 日至 7 月 18 日），李玉贞主编《马林与第一次国共合作》，光明日报出版社，1989，第 151 页。
③ 桑兵主编《孙中山史事编年》第 9 册，1923 年 6 月 17 日条，第 4850 页。

与之联合而督促苟且偷安的资产阶级，以引导革命到底。"① 态度积极。此前，共产国际给中共三大的指示提出在孙中山与北洋军阀的问题上，支持孙中山，但"要求国民党通过有系统的宣传鼓动建立广泛的民族政治运动，阐明孙中山军事行动的意义，并以国家的独立、统一和民主为行动纲领，吸引中国最广泛的民主力量参加反对北洋军阀和外国帝国主义者的斗争"。要"在国民党内部"防止孙中山与军阀"勾结"，为此，共产党"应当要求尽快地召开国民党代表大会"。② 这些主动之举，没有得到孙中山及时积极的回应。

而6月中旬，孙中山与李大钊谈话时曾提出，政党建设重于夺取北京领导权，广东问题解决后，将去莫斯科一趟。③ 但近在身边的马林得不到关于改组的确定的回答。于是，马林、张太雷等在《向导》上撰文点名批评国民党和孙中山。马林（署名"孙铎"）写道：

---

① 《中国共产党党纲草案》，《中共中央文件选集》第1册，第139页。
② 《共产国际执行委员会给中国共产党第三次代表大会的指示》（1923年5月），《共产国际有关中国革命的文献资料》第1辑，第79—80页。
③ 桑兵主编《孙中山史事编年》第9册，第4853页。

受外国教育的智识阶级中这样缺乏明了帝国主义的真正性质，真正是令人惊异的。然而他们对于资本主义和帝国主义的智识或者能说是缺乏，他们总不应不知道外国势力在中国发达的历史，并且在过去的时期中曾经常常说及外国资本主义在中国的帮助。这帮助的结果，每个中国人必已知道了。国民党的领袖须找得英国帮助中国改造的路途，这种提议怎么能有的？就是假设明天孙中山靠了外国的帮助得着机会做了民国的总统，岂可说中国已距离他的自决和独立近了一步了吗？决没有，只造成了使孙中山丧失他是一位忠实的革命党的名誉之机会。①

张太雷（署名"春木"）批评中国国民党"羞见国民"。他说："中国国民党辛亥革命以来十二年的奋斗一无所成，因为他完全和国民断绝关系，而只知道和军人政客交际。"国民党快要和安福系、交通系、直系、奉系没什么区别了，它应当在各种国民运动中

---

① 孙铎：《中国改造之外国援助》，《向导》第29期，1923年6月，第213—214页。

树立自己的旗子，"指导国民，鼓起国民精神"。①

　　陈独秀与陈炯明的友好关系，本就让视陈炯明为叛徒的国民党人侧目。对于共产党人的批评，孙中山怒不可遏，他用英语对马林说："像陈独秀那样在他的周报上批评国民党的事再也不许发生。如果他的批评里有支持一个比国民党更好的第三个党的语气，我一定开除他。""如果我能自由地把共产党人开除出国民党，我就可以不接受财政援助。"语带讥讽，马林只得表示，批评文章有他的份，援助和共产党人能否待在国民党内没有关系。②

　　事实上，马林与孙中山举步维艰的交涉，显然不能满足莫斯科开展世界革命的期待。1923 年 7 月 21 日，在即将离开中国之际，马林致信廖仲恺称："考虑到眼下没有可能让我如愿以偿地参与国民党的改组和宣传工作，我很快将离此赴莫斯科。"他希望，"当形势有所改善即国民党清除了封建主义和家长制传统以后，当党的策略有了改变之后"，能再次来工作。

① 　春木：《羞见国民的中国国民党》，《向导》第 29 期，1923 年 6 月，第 214 页。

② 　《致越飞和达夫谦的信》（1923 年 7 月 18 日），李玉贞主编《马林与第一次国共合作》，第 294—295 页。

至于"策略",单纯依靠军事行动和军队将领,则新中国的前途将是黯淡的,"新中国,一个真正独立的共和国的诞生,只能依靠一个强大的、具有坚定革命信念和远见卓识的党员组成的现代化政党的不懈的革命斗争"。① 其中对孙中山的不满是显而易见的,而且有挑拨之嫌。孙中山可不会因为马林的态度而乱了方寸,实际上,1923 年下半年,除了发动其自身节奏的关余斗争、推动国民党改组外,他还在百忙之中东征了陈炯明。②

马林走后,莫斯科调整了策略,派加拉罕作为驻中国全权代表,鲍罗廷则作为驻孙中山处代表。9 月,加拉罕抵达北京,他与鲍罗廷仔细研讨了中国的形势和工作方案。10 月 6 日,鲍罗廷抵达广州。

鲍罗廷一到广州,陈友仁立即向其报告关余事件中外国人的劣行:"外国人征收捐税,用来抵偿中国政府过去承担的债务,多余的部分交给北京独裁者。这种税收在广州每年达 1200 万元左右。但孙的政府不

---

① 《致廖仲恺的信》(1923 年 7 月 21 日),李玉贞主编《马林与第一次国共合作》,第 305 页。

② 古应芬:《孙大元帅东征日记》,《中华民国史档案资料汇编》第 4 辑 (2),第 725—736 页。

能从中得到分文，当孙有一天想把海关控制在自己手里时，英国人则把海关迁到沙面（外国租界），在那里它可以在炮舰的保护下更平安地行使自己的职能。此外，他们还把外国列强互相承担的义务（向中国输入军火）用到孙的政府头上，并且不得不采取走私的办法。"孙中山则向其提出，英国在香港的殖民统治，束缚了他与帝国主义斗争的手脚，如果在中国中部或蒙古建立根据地，则可自由对帝国主义采取行动。①

鲍罗廷没有被具体的抱怨和请求限制住思路，他仔细观察广州的形势，围绕国民党改组这一中心工作，规划一场革命的最初几步。

---

① 《鲍罗廷关于华南形势的札记》（1923 年 12 月 10 日），《联共（布）、共产国际与中国国民革命运动（1920—1925）》，第 365—366 页。

六 国民党改组的预备工作

鲍罗廷是一个革命经验丰富的老共产党员。他 1903 年就加入布尔什维克，1904 年根据党的安排侨居瑞士。后又在伦敦、波士顿、芝加哥等地俄国流亡者中开展工作。列宁认为，鲍罗廷热情拥护苏维埃革命，知识素养好。① 对鲍罗廷在广州的任务，加拉罕曾有顾虑，他说："当孙逸仙权威地证实他不仅在利用俄罗斯的经验和您的建议，而且您还是国民党的教导员和组织者，这比一般的'搞宣传'指责更有过之而无不及……资产阶级国家对这类事情往往很有预见性，它们最愿意把威胁它们统治的全部危险消灭在萌芽之中。如果它们得知，是鲍罗廷在改组国民党，这意味着，鲍罗廷本人在起草所有

① 李玉贞：《国民党与共产国际（1919—1925）》，第 203 页。

这些法令并在领导广东政府的这个整个'布尔什维克化'进程。那时我们将不仅面临各大国扼杀孙逸仙的威胁，而且我们也将面临不仅来自英国，也可能来自美国和法国的新的凯尔逊式的照会的威胁。"①

但是，鲍罗廷出色地开展了工作。他对广东形势的观察和分析，是按照"我们的形势和任务"式的逻辑进行的，即从调查中发现问题，提出解决问题的思路和方法。

关于国民党，鲍罗廷发现，邓泽如负责广州党务，号称有党员 3 万人，其中交党费的 6000 人。为了改组而登记时，发现只有 3000 名党员。"党同党员没有任何联系，没有在他们当中散发书刊，没有举行会议，没有说明孙在各个战线上的斗争目标，特别是同陈炯明的斗争目标。国民党作为一支有组织的力量已经完全不存在。"② 这样的国民党要想发挥领导中国国民革命运动的作用，必须进行改组。"现在它既没有纲领，

<hr />

① 所谓"凯尔逊式的照会"，指 1923 年 5 月英国照会苏联，要求其从伊朗和阿富汗召回外交代表，并赔偿英国公民遭受的迫害。《加拉罕给鲍罗廷的信》（1923 年 12 月 27 日），《联共（布）、共产国际与中国国民革命运动（1920—1925）》，第 386—387 页。

② 《鲍罗廷关于华南形势的札记》（1923 年 12 月 10 日），《联共（布）、共产国际与中国国民革命运动（1920—1925）》，第 367 页。

也没有章程，没有任何组织机构。它偶尔发布由孙中山签署的诸如民族主义、民权主义、民生主义等一般性题目的宣言，根本不涉及当前的事件，不对它们作出解释，也不利用这些事件来发展和巩固党。这些宣言作为趣闻被刊登在几家报纸上，然后国民党又沉睡一年又一年。"在鲍罗廷看来，"国民党的这种状况一方面导致许多出生于小资产阶级的国民党员为其自私的目的利用'国民党'这个曾受欢迎的名称，另一方面导致忠诚的国民革命分子完全失去了信心，而南方最优秀的国民党人对群众组织失去信心后，完全投身于军事工作，而在军事工作中，事物发展逻辑本身使他们变得更像所谓的军阀，在人民群众看来，不知道这些军阀在为什么打仗"。①

关于当地人民，"广东人民对孙的政府持强烈反对态度。广州的工人加上手工业者共有 35 万人。孙从上海回来时，他们曾热烈欢迎他，现在他们对他的政府的命运漠不关心，对其胜败根本不感兴趣"。②

---

① 《鲍罗廷关于华南形势的札记》（1923 年 12 月 10 日），《联共（布）、共产国际与中国国民革命运动（1920—1925）》，第 369—370 页。
② 《鲍罗廷关于华南形势的札记》（1923 年 12 月 10 日），《联共（布）、共产国际与中国国民革命运动（1920—1925）》，第 367 页。

孙中山本人，不看报，也不关心中国其他地方和国外的事情。"他把所有时间都花在同无数个将军的谈话上，这些将军各自为战，没有总指挥部。"①

广州的共产党和社会主义青年团，情况也不太好。鲍罗廷发现，党约有 50 人，其中 9 个在孙中山的大本营宣传委员会中，其余在工会、学校里。青年团有约 150 人。他们都脱离了群众性的工人运动，而工人有 10 万多会员加入各级工会组织。谭平山是"中国共产主义运动最有头脑和最积极的领袖之一"，但忙于编写各种小册子，这些小册子很少送给农民，"也根本到不了军队中"。②

尽管如此，鲍罗廷认为，不应当怀疑孙中山和国民党是可以领导中国国民革命运动的"唯一代表"。③ 为此，他为孙中山设定三大任务。其一，"继续在全国范围内进行在广州业已开始的国民党的改组工作"。为此，在上海成立国民党临时中央执行

---

① 《鲍罗廷关于华南形势的札记》（1923 年 12 月 10 日），《联共（布）、共产国际与中国国民革命运动（1920—1925）》，第 368 页。
② 《鲍罗廷关于华南形势的札记》（1923 年 12 月 10 日），《联共（布）、共产国际与中国国民革命运动（1920—1925）》，第 368 页。
③ 《鲍罗廷关于华南形势的札记》（1923 年 12 月 10 日），《联共（布）、共产国际与中国国民革命运动（1920—1925）》，第 371 页。

委员会的分部；成立中央新闻社，"以便为所有的中国报纸提供新闻和具有国民党精神的文章"；筹备国民党全国代表大会代表的选举工作，以便来年 1 月在广州召开大会；用国民党的宣言进行鼓动和宣传，吸引民众。其二，"使广州作为向全中国发展和推进国民革命运动的根据地"，缓解农民处境，"要在广东建立这样一种社会基础，它能证明孙的政府存在的合理性并使它能够提出全民族的任务"。其三，改组现有的 5 万—10 万人的部队，"使它完全服从国民党的领导"。为此要创立军事学校，培训政治工作人员。①

对照此后孙中山和国民党的一系列动作，鲍罗廷的上述规划可谓国民党改组的顶层设计。

1923 年 10 月 19 日，孙中山通知上海事务所，已经委派廖仲恺、汪精卫、张继、戴季陶、李大钊为国民党改组委员。② 10 月 24 日，通告党内，委派廖仲恺、邓泽如召开特别会议，"商量本党改组问题"。同

---

① 《鲍罗廷关于华南形势的札记》（1923 年 12 月 10 日），《联共（布）、共产国际与中国国民革命运动（1920—1925）》，第 375—377 页。

② 《致上海事务所电》（1923 年 10 月 19 日），《孙中山全集》第 8 卷，第 310 页。

时，特派胡汉民、林森、廖仲恺、邓泽如、杨庶堪、陈树人、孙科、吴铁城、谭平山为临时执行委员，汪精卫、李大钊、谢英伯、古应芬、许崇清为候补委员。① 临时中央执行委员会由孙中山主导，至国民党第一次全国代表大会召开，举行会议多次，决定有关改组的重大事宜，办理一系列复杂而具体的问题，排除国民党内外的干扰，从组织上为国民党改组准备了条件。

这时，鲍罗廷向孙中山进一步提出：国民党在改组前修改党纲，并在群众中广泛宣传；制定党章；在广州、上海建立国民党的核心组织，在全国建立地方组织；召开国民党全国代表大会，选举新的执委会，派优秀分子深入广州每个区建立党的分部；要使每一个全国代表大会的代表知道今后做什么，怎样建立基层组织。10 月 25 日，50 多位国民党知名分子开会讨论鲍罗廷提出的问题，孙中山在会上发表演讲。大家对孙中山的改组计划表示赞成。②

① 《致党内同志函》（1923 年 10 月 24 日），《孙中山全集》第 8 卷，第 334 页。
② 桑兵主编《孙中山史事编年》第 9 卷，1923 年 10 月 25 日条，第 4970 页。

10 月 28 日，国民党临时中央执行委员会召开首次会议，决定广州先行办理党员登记，邓泽如、吴铁城、谢英伯、谭平山为委员；推胡汉民、汪精卫、张继、叶楚伧、戴季陶组织临时执委会上海执行部，派廖仲恺去上海组织之。并讨论其他重要事项。[①]

11 月 13 日，鲍罗廷在广州各区党部委员会上提出，为争取民众对讨伐陈炯明的支持，应当颁布对工人、农民和小资产阶级有利的法令，使其成为新政权的三大支柱，其中包括没收地主土地、加强国民党与工人阶级的联系等内容。提议获得廖仲恺的支持。[②]

11 月 25 日，《国民党周刊》创刊，孙中山题词"革命尚未成功，同志仍须努力"。创刊号刊登了《中国国民党改组宣言》《中国国民党党纲草案》《中国国民党章程草案》。其中，《中国国民党改组宣言》提出，它已经"由秘密的团体而为革命的政党"，其"志行之坚，牺牲之大，国中无二"，但揆诸现实，"不得不自认为失败"。鉴于中国"政治不修，经济破

---

① 桑兵主编《孙中山史事编年》第 9 卷，1923 年 10 月 28 日条，第 4975 页。

② 桑兵主编《孙中山史事编年》第 9 卷，1923 年 11 月 13 日条，第 4996—4997 页。

产，瓦解土崩之势已兆，贫困剥削之病已深"，决心"本其自知之明，自决之勇"，进行改组。①

11月26日，孙中山主持的第十次临时执委会通过决议，建立国民军军官军校。回国途中的蒋介石被任命为校长，广东省长廖仲恺兼政治部主任，并负责筹备。鲍罗廷认为，设立政治部就是它区别于其他军校的地方。会议还推定林森、邓泽如、吴铁城筹备全国代表大会。代表名额每省6人，其中孙中山指定3人，党员互选3人；海外总支部、支部约12人。合计代表总数144人，大会预算5万元。②

11月27日，临时执委会第十一次会议议定国民党全国代表大会议程：（1）孙中山负责说明中国现状和改组国民党之必要；（2）秘书处负责临时执委会党务报告；（3）廖仲恺负责党纲说明；（4）孙科负责党章说明；（5）戴季陶负责党略说明；（6）推选总理、中央执行委员和中央审查委员；（7）各省区书面报告政治

① 《中国国民党改组宣言》（1923年11月25日），《孙中山全集》第8卷，第429—430页。

② 见《鲍罗廷关于华南形势的札记》（1923年12月10日），《联共（布）、共产国际与中国国民革命运动（1920—1925）》，第377页。内中称决议是25日做出的。今人定为26日，见桑兵主编《孙中山史事编年》第9卷，1923年11月26日条，第5013—5014页。

及党务情况。①

　　1923年10月后孙中山突然加快改组动作，跟这前后包括关余事件在内一系列国内外政治变动有关，跟共产国际极力推动设定议题的努力有关，当然也跟鲍罗廷相比马林更擅长做孙中山思想工作有关。孙中山告诉蒋介石，"谁是我们的良友，谁是我们的敌人，我们胸中都有十二分明了"，盛赞苏俄党和政府派出鲍罗廷前来协助。② 而鲍罗廷自己说，他利用孙中山等人为其举办的宴会，讲俄国革命的历史，胜利的原因；军队及其政治工作；帝国主义、殖民地和半殖民地；等等。"正是在这些宴会上为国民党改组的工作奠定了基础。"③ 不管是否真的在宴会上规划了国民革命，鲍罗廷表现出了卓越的推动议题实现的能力，而代为起草重要文件，也显示他颇得孙中山信任。

　　改组积极推进之际，1923年11月28日，共产国际做出《共产国际执行委员会主席团关于中国民族解

<hr />

① 桑兵主编《孙中山史事编年》第9卷，1923年11月27日条，第5015页。

② 《致蒋中正电》（1923年10月25日），《孙中山全集》第8卷，第335—336页。

③ 《鲍罗廷关于华南形势的札记》（1923年12月10日），《联共（布）、共产国际与中国国民革命运动（1920—1925）》，第372页。

放运动和国民党问题的决议》。决议分析了国民党人辛亥革命未能彻底的原因，在于"没有吸收城乡广大劳动群众参加斗争"，仅仅寄希望于军事斗争。它"满意地指出"，以孙中山为首的国民党革命派已经认识到必须接近劳动群众，"必须通过广泛的宣传和组织工作同他们保持最密切的联系"。三民主义需做出新的解释，以表明"国民党是一个符合时代精神的民族政党"——"民族主义，就是国民党依靠国内广大的农民、工人、知识分子和工商业者各阶层，为反对世界帝国主义及其走卒、为争取中国独立而斗争"。关于民权主义，"只有那些真正拥护反帝斗争纲领的分子和组织才能广泛享有这些权利和自由，而决不使那些在中国帮助外国帝国主义者或其走狗（中国军阀）的分子和组织享有这些自由"。关于民生主义，"如果解释为把外国工厂、企业、银行、铁路和水路交通收归国有，那它才会对群众具有革命化的意义，才能在群众中得到广泛的反响"。但民生主义"不能解释为国家实行土地国有化"。共产国际表示，"曾经而且还将指示"中国共产党、工人阶级和劳动农民，"必须全力支持国民党"。国民党应当利用帝国主义间的矛盾，而且"必须"同苏联建立统一战线。①

　　这一决议是鲍罗廷和中共的行动指南。后来在上海举行的共产党和青年团联席会议上，鲍罗廷做了报告，他表示，共产国际的决议体现了我们"对国民党的总的态度"，广州的事实证明，共产党和青年团"可以组织国民革命运动，使各地的国民党组织中都有自己的同志，他们同自己相应的机构保持联系并在当地国民党组织中贯彻他们的决议，从而不仅不会削弱自己的党，而且会使得它变得越来越强大"。陈独秀的报告则承认三大以来有几个月中共在改组国民党方面"无所作为"，一方面因为中共党内有分歧，一方面因为"国民党本身没有任何前进的动力"。但到11月，这个情况改变了，24—25日召开的中共中央执委会扩大全会决议，没有加入国民党的中共党员立即加入，而且"应该在国民党内竭尽全力为自己争取领导权"。联席会议后来做出4项决议，其中包括：共产党员加入国民党后，应该反对"老国民党人对国民革

---

①　《共产国际执行委员会主席团关于中国民族解放运动和国民党问题的决议》（1923年11月28日），《共产国际有关中国革命的文献资料》第1辑，第81—83页。

命运动的错误理解"；"共产党员不应该在各种委员会中谋求职位"；等等。①

然而，规划中的国民党改组当然不会一帆风顺。如前所述，孙中山本人就有通过关余事件运作西方列强的言行；而国民党内，对苏俄和中共的介入改组，也有人公开反对。其中，邓泽如、林直勉等11人上书孙中山，认为国民党改组的方案和文件，出自共产党议定，由鲍罗廷指挥。共产党企图"借国民党之躯壳，注入共产党之灵魂"，他们危言耸听地表示，"五年之后，将见陈独秀被选为总理"。② 邓泽如等正是广东国民党的主要负责人，在改组中其表态当然无法轻易忽视。

孙中山表示，他本人请鲍罗廷起草国民党党纲、党章草案，亲自审定。原文为英文，廖仲恺译为中文。陈独秀并未与闻此事，"切不可疑神疑鬼"。他说，俄国革命成功，我的革命不成功，就是因为"各党员至今仍不明三民主义之过也"。他说，"我国革命向为各

① 《鲍罗廷的札记和通报（摘录）》，《联共（布）、共产国际与中国国民革命运动（1920—1925）》，第441—443页。

② 中国国民党中央党史史料编纂委员会编《国父年谱》下册，台北，"各界纪念国父百年诞辰筹备委员会"，1965，第977—978页。

国所不乐闻，故尝助反对我者以扑灭吾党，故资本国家无表同情于我党，所望为同情只有俄国及受屈之国家及受屈之人民耳"。① 孙中山甚至警告邓泽如：不赞成改组，可以退出国民党；如大家都不赞成，他将解散国民党，加入共产党。② 正因为有这样那样的异议，11 月底，廖仲恺、鲍罗廷奉命到沪，向上海方面解释改组问题。

进入 1923 年 12 月，关余斗争更加激烈，列强拒绝了广州政府的建议，并警告采取强迫措施，各国军舰也纷纷派到广州。这对孙中山的改组计划，形成了客观上的推动。12 月 3 日，孙中山主持临时执委会，决议每省由孙中山指派三人，上海本部介绍同志六人备拣；统一大本营党务处、大本营宣传委员会、广东宣传局等为一个委员会；党员发表意见于报纸，须委员会核准。③ 12 月 7 日，孙中山致电上海国民党事务所，因国民党中央执委会已经在广州成立，令撤销上

---

① 《批邓泽如等的上书》（1923 年 11 月 29 日），《孙中山全集》第 8 卷，第 458—459 页。

② 桑兵主编《孙中山史事编年》第 9 卷，1923 年 11 月 29 日条，第 5018 页。

③ 桑兵主编《孙中山史事编年》第 9 卷，1923 年 12 月 3 日条，第 5023 页。

海本部及中央干部会议，广东作为革命根据地的态势进一步凸显。12月9日，孙中山在大本营对国民党党员发表演讲称，此次改组，"乃以苏俄为模范，企图根本的革命成功"；国民党过去的失败，"由于党人不为主义奋斗之故"，"军队革命成功非成功，党人革命成功乃真成功"。所以，改组之后，国民党要"用党义战胜，用党员奋斗"。[1]

同时，廖仲恺主持上海党务，提出从基层改组国民党的思路："以区分部为基本"，设3人为执行委员，每周开会一次，并向上级报告；区内党员，每两周开大会一次。党员的吸收从基层做起，通过党员大会进行。区党部之上为县党部，再上为省党部，然后是中央执行委员会和全国党员大会。上海、广州作为重点，广州设12区分部，成立临时执行委员会；上海由汪精卫等7人组成执行部，下设7区分部。[2]

关余斗争渐入高潮之际，1923年12月23日，上海国民党党员举行大会，选举全国代表大会代表。国

---

① 《在广州大本营对国民党员的演说》（1923年12月9日），《孙中山全集》第8卷，第500—506页。
② 桑兵主编《孙中山史事编年》第9卷，1923年12月9日条，第5031页。

民党之改组已成箭在弦上之势。24 日，孙中山电催蒋介石来广州汇报苏俄之行，详筹中俄合作。① 1924 年 1 月 3 日，孙中山主持临时执委会，决定回复旧金山华侨关于改组的疑问称："当俄国革命之初，实行共产制度时，确与吾党三民主义不同。至俄国现在所施行之新经济政策，即是国家资本主义，与吾党之三民主义相同，故非吾党学俄国，实俄国学吾党。"② 这种回复实际上是一种对不明情况者不愿节外生枝的说服技巧，但把三民主义等同于国家资本主义，也可见其与陈独秀等人强调革命第二步中实行国家资本主义明投暗合。也就在这次会议上，决议孙科、廖仲恺等人加紧筹备国民党讲习所。③

1924 年 1 月 6 日，孙中山在指定广东、北京、上海代表后，又指定 20 省区代表 57 人，涉及直隶、湖北、江西、安徽、江苏、浙江、四川、云南、贵州、山东、山西、陕西、奉天、吉林、黑龙江、河南、新疆、甘肃、西藏、蒙古和广州特别市。尚有福建、湖

---

① 桑兵主编《孙中山史事编年》第 9 卷，1923 年 12 月 24 日条，第 5051—5052 页。

② 《国父年谱》下册，第 988—989 页。

③ 桑兵主编《孙中山史事编年》第 10 卷，第 5065 页。

南代表未指派。① 1 月 14 日，完成湖南代表的指派和选定。

同日，孙中山发表《关于建立反帝联合战线宣言》。宣言直接指控"帝国主义之英、美、法、日、意，各皆坚心毅力与中国少部分著名的封建督军、破产的官僚、投机的政客此三种人形成中国之军阀政客，买卖中国矣。彼等又助力反革命派完成地方封建政治矣"。号召"起！起！速起！形成反帝国主义联合战线！"② 将反帝反封建直接联系起来，是孙中山革命语言的重大变化，显示了改组前夕他在关余斗争中获得的新认知。但这并不意味着他已经铁心贴上反帝的标签。1924 年 1 月 15 日，大本营和临时执委会召开联席会议，讨论与被压迫国家民族革命运动结成联合战线的问题。鲍罗廷尖锐地质问："你们打算和哪些民族共同行动？……只要看一遍国民党的宣言就足以明了，你们是准备反对帝国主义的。民族和国家划分为被压迫的和压迫人的。你们打算同其中的哪些国家和

① 陈锡祺主编《孙中山先生年谱长编》下册，中华书局，1991，第 1788—1789 页。
② 《关于建立反帝联合战线宣言》（1924 年 1 月 6 日），《孙中山全集》第 9 卷，第 23 页。

民族携手前进呢?"临时执委会采纳的说法是:"国民党将民族革命运动置于本国广大人民群众的支持的基础之上,并同时认为,同其他被压迫国家的民族革命运动,以及与我党有着共同目的——为争取殖民地、半殖民地国家的解放而斗争的世界革命运动建立反对帝国主义及其在华势力的统一战线是必不可少的。"但孙中山认为这种提法是不合时宜的,"会把一切事情都弄糟",要等到时机成熟。①

1月16日,孙中山听取了"孙逸仙博士代表团"团长蒋介石访问苏俄的报告,认为蒋介石对中俄关系未来的展望,"未免顾虑过甚"。共产党在国民党领导下,受其指挥,才能限制其制造阶级斗争;北伐成功后,三民主义可如期实行。而苏俄"只承认本党为唯一领导革命的政党,并力劝其共产党员加入本党,服从领导,而又不否认中国并无实行其共产主义的可能"。坚持进行改组。②

---

① 〔苏〕亚·伊·切列潘诺夫:《中国国民革命军的北伐——一个驻华军事顾问的札记》,中国社会科学院近代史研究所翻译室译,中国社会科学出版社,1981,第62—64页。
② 桑兵主编《孙中山史事编年》第10卷,1924年1月16日条,第5099页。

孙中山后来向记者表示，转向苏俄实非得已，"当时的中华民国就如落入急流中的孩子，随时都有溺毙的危险，英、美两国对此置之不理，而这时俄国成为漂过来的唯一的救命稻草"。[①] 如何理解孙中山的这番与其一系列改组动作矛盾的话？必须深入其语境。但并非全然心甘情愿，揆诸关余事件前后的种种表示，当是事实。鲍罗廷就很刻薄地评价孙中山说："无论给这头老狼喂多少东西，他还是盯着'自由民族'，他始终期待着以此来拯救中国。"[②] 一开始就埋下的疑忌的种子，后来渐渐发酵，终于影响国民革命的结局，这也是国民党一大的各位参与者无法预期的。

---

① 桑兵主编《孙中山史事编年》第9卷，第5057页。
② 《鲍罗廷的札记和通报（摘录）》，《联共（布）、共产国际与中国国民革命运动（1920—1925）》，第434页。

七　国民党第一次召开全国代表大会

1924 年 1 月 19 日，中国国民党第一次全国代表大会预备会在广州召开，揭开了国民党一大的大幕。

当天上午 11 时开始的预备会，胡汉民任会议主席，讨论大会议事日程、组织主席团等事宜。汪精卫先请廖仲恺报告筹备大会的经过。廖说，大会代表，每省同志互选 3 人，总理指定 3 人；选举有在上海举行的，有在广州举行的；海外党员，每支部定派 1 人，由当地选出，分部亦派 1 人，但无表决权。议事日程为：第一天组织主席团，上午 9 时到 12 时，下午 2 时到 5 时，晚上 7 时半开委员会。然后汪精卫报告临时中央执委会筹备大会内容、改组理由、纪律与提案等问题。最后决定，临时中央执委会起草的议事规则交大会表决适用；至于主席团，由总理决定。①

1924 年 1 月 20 日上午 9 时，中国国民党第一次全国代表大会在广东高等师范学堂开幕，约 200 人出席大会。其中，李大钊、毛泽东、谭平山、张国焘、于树德、李立三、韩麟符、于方舟、瞿秋白、袁达三、赵幹、夏曦、胡公冕、宣中华、廖乾五、朱季恂、王烬美、陈镜湖、李永声、谢晋、詹大悲、沈定一、林伯渠、李维汉等 24 名共产党员与会。②

孙中山致开幕词。他说，这次大会是国民党自有民国以来的第一次，"也是自有革命党以来的第一次"，是"中华民国的新纪元"。

他回顾了辛亥革命的历史，说那时革命党"各自为战，没有集合，没有纪律"，"革命仍然算失败"。武昌起义后，少数的革命党被多数的官僚包围。"那般官僚说：'革命军起，革命党销。'当时的革命党也赞成这种言论，于是大家同声附和，弄到现在只有军阀的世界，没有革命的成绩，所以革命党至今仍失败。这就（是）我们失败的大原因。今天大家都觉悟了，

① 陈锡祺主编《孙中山年谱长编》下册，第 1800—1801 页。
② 陈锡祺主编《孙中山年谱长编》下册，第 1802 页。

知道这话不对，应该要说：'革命军起，革命党成。'所以从今天起，要把以前的革命精神恢复起来，把国民党改组。"

他说："革命党三十年来为良心所驱使，不论成败去革命，革命成功了，对于国家不知道用甚么方法去建设。"现在，找到方法了，"这些新方法的来源，是本总理把先进的革命国家和后进的革命国家，在革命未成功之前、已经成功之后所得的种种革命方法，用来参考比较，细心斟酌，才定出来的，希望大家讨论后带回各地"。

他设定了国民党改组的任务：第一件是改组国民党，"要把国民党再来组织成一个有力量有具体的政党"；第二件"就是用政党的力量去改造国家"。他分析了国民党组织上的弱点："另外有一件事要大家注意：就是从前本党不能巩固的地方，不是有甚么敌人用大力量来打破我们，完全是由于我们自己破坏自己，是由于我们同志的思想见识过于幼稚，常生出无谓的误解。所以全党的团结力便非常涣散，革命常因此失败。我们便要团结一致，都要把自己的聪明才力贡献到党内来，自己的聪明才力不可归个人所用，要归党内所用。大家团结起来，为党为国，统一目标，统一步骤，象这样做去，才可以成功。""本党以前的失败，是各位党员有自由，全党无自由；各位党员有能力，全党无能力。中国国民党之所以失败，就是这个原因。"①

会上，根据廖仲恺的建议，孙中山指定大会主席团由胡汉民、汪精卫、林森、谢持和李大钊等5人组成。接着，孙中山主持通过大会会议规则和秘书处组织规则。②

当天下午2时开会，孙中山发表演讲。他说："现在的问题，是国民党改组问题。"其原因在于，"我们自办同盟会以来，有很大的力量表现出来，就是把满洲政府推倒。但推倒之后，官僚之流毒日益加甚，破坏虽成功，建设却一定没有尽（力）。这十三年来，政治上、社会上种种黑暗腐败比前清更甚，人民困苦日甚一日。故多数反革命派即以此为口实而攻击革命党，谓只有破坏能力，而无建设能力。此种话我们革命党虽不肯承认，然事实上确是如此。……故从各方

---

① 《中国国民党第一次全国代表大会开幕词》（1924年1月20日），《孙中山全集》第9卷，第95—98页。
② 陈锡祺主编《孙中山年谱长编》下册，第1803页。

124

面看来，中国自革命后并无进步，反为退步。……今人民皆以此归咎于革命党，我党亦不能不受。"

政权不在革命党手中，革命党无从进行政治建设，这与反革命派旧官僚混入革命队伍有关。孙中山说："俄国有个革命同志曾对我言，谓中国反革命派之聪明本事，俄国反革命派实望尘莫及。俄之反革命派之为官僚和知识阶级，当革命党发难时，均相率逃诸外国，故俄国革命党能成功。而中国的反革命派聪明绝顶，不仅不逃避，反来加入，卒至破坏革命事业。""若当时有办法、有团体，先事防范，继续努力奋斗下去，建设起来，则只需三年之时期。"俄国革命党有方法，结果，革命比中国晚六年才发生，却成功了。

"此次改组，就是从今天起，重新做过。"孙中山提出，"将十三年前种种可宝贵最难得的教训和经验来办以后的事"，解放人民痛苦，消灭国家障碍。他在大会上提出《中国国民党宣言案》，表示"此宣言将国民党之精神、主义、政纲完全发表"，"今后即可管束吾人之一切举动"。①

---

① 《中国之现状及国民党改组问题》（1924 年 1 月 20 日），《孙中山全集》第 9 卷，第 99—101 页。

大会秘书长刘芷芬宣读中国国民党宣言草案后，廖仲恺请孙中山指定宣言审查委员。孙中山指定胡汉民、戴季陶、茅祖权、李大钊、恩克巴图、叶楚伧、王恒、黄季陆和于树德等9人为宣言审查委员。①

孙中山暂离会场，胡汉民代为主席，林森向大会说明《组织国民政府之必要案》。孙中山返回会场后，又就此做了说明，宣布与"护法"做历史性切割："今次本总理再回广州，不是再拿护法问题来做功夫。现在的政府为革命政府，为军事的时期政府。"他总结关余斗争过程说："今日之事，实缘我们没有正式组织，没有明明白白与北方脱离关系，故组织国民政府实为目前第一问题。"他重申国民党一大一为了改组党，二为了建设国家。关于建设国家，要研究两个问题：一是立即将大元帅政府变为国民党政府；二是将建国大纲表决后，"四出宣传，使人民了解其内容，结合团体，要求政府之实现"。

他向大家说明了师法苏俄、建设新体制的想法："现尚有一事可为我们模范，即俄国完全以党治国，比英、美、法之政党，握权更进一步；我们现在并无

---

① 陈锡祺主编《孙中山年谱长编》下册，第1804页。

国可治，只可说以党建国。待国建好，再去治他。"
他回顾了俄国革命史，提出："……可见俄之革命，
事实上实是三民主义。其能成功，即因其将党放在国
上。我以为今日是一大纪念日，应重新组织，把党放
在国上。""党有力量，可以建国。故大家应有此思想
与力量，以党建国。"① 党国体制的预想与设计，一改
民国建立以来的各种政治设计方案，成为国民党一大
崭新的内容。

虽然孙中山非常强调设立国民政府的必要性，但
事实上大会召开之前，鲍罗廷已经就此与孙中山进行
了"很严肃"的谈话。事情的起因是关余事件中，英
国方面希望同"地方性的"而不是"全国性"的广州
政府建立"某种直接接触"。孙中山为此大怒，决定
把自己的政府改组为全国性政府。鲍罗廷认为，这
"会断送召开代表大会的宗旨"，大会不是为了选总
统，"而是为了通过国民党的行动纲领，为了改组
党"。经与孙中山沟通，孙中山同意取消决定，"只限
于由代表大会表示赞成有必要成立全国政府，并指示

---

① 《关于组织国民政府案之说明》（1924 年 1 月 20 日），《孙中山全集》第 9 卷，第 101—104 页。

党在群众中进行有力的宣传鼓动工作，支持全国政府的口号"。①

当天晚上，孙中山宴请各省代表和外蒙古代表。他再次发表重要演讲，称："俄国人立志革命，希望一百年成功，现在不过二十多年便完全达到成功的目的。我从前希望数年成功，现在已经到了三十年，还没有大功告成。这是因为中国人革命的方法和气魄不及俄国人。"他谦虚地表示，"后来能够推翻满清，且免去列强瓜分，都是无意中做出来的，预先毫没有料到"。他说，自己发明了"知难行易"学说，"从前的革命，不知还能行；此后的革命，能知当更能行。知了才去行，那种成功当然象俄国一样"。

他还提到，外蒙古巴先生"不远万里而来，想联合成一个大中华民国，就是因为我们有主义。由此便可见主义大过武力。用主义来建国，万万里都是来朝的；用武力去征服别人，近在咫尺都是反叛的"。②

1月21日，孙中山在代表大会上专门就民生主义

---

① 《鲍罗廷的札记和通报（摘录）》，《联共（布）、共产国际与中国国民革命运动（1920—1925）》，第439—440页。
② 《欢宴国民党各省代表及蒙古代表的演说》（1924年1月20日），《孙中山全集》第9卷，第106—107页。

做说明，"庶几本党同志因此主义所发生之误会、怀疑、暗潮，可以完全打破"。他说，"老同志"和"新同志"均未明白民生主义真谛。共产党"心悦诚服"加入国民党，"老同志"多有怀疑，实际上此次改组，绝不是要将国民党改组为共产党。民生主义包括社会主义，社会主义又包括"集产主义"和"共产主义"。① 1月22日，临时中央执委会将《中国国民党章程草案》交付大会审查。

《中国国民党第一次全国代表大会宣言》系共产国际和鲍罗廷关注的焦点。1月23日，其草案被提交给大会。因为国民党内特别是一些"前辈"对此中反帝等内容有争议，孙中山曾想取消，"代之提出他本人为全国政府起草的纲领"。鲍罗廷认为，取消宣言，大会就"毫无用处"。"而宣言作为对中国迫切问题的反应和回答，将成为运动的指导性和决定性文件。"舒尔曼就关余问题进行的拜访、交涉，显然影响了孙中山，在反复冗长的讨论中，鲍罗廷要求孙中山做出抉择："是同帝国主义营垒中的2.5亿人前进，还是同

---

① 《关于民生主义之说明》（1924年1月21日），《孙中山全集》第9卷，第110—112页。

遭受帝国主义压迫的 12.5 亿人前进。"孙中山对此雄辩频繁首肯，拉住鲍罗廷的手走入会场，《宣言》在孙中山第一个投票赞成的加持下得以通过。① 同一天，《国民政府建国大纲》提交大会审议，其核心内容为本三民五权之旨建设民国，政府训导人民行使选举、罢免、创制、复决等权，将建国分为军政、训政、宪政三阶段，地价增溢归地方政府经营公共需要，县为自治单位，颁行宪法后中央统治权归国民大会行使，等等。②

1 月 24 日，孙中山就加拉罕致电国民党一大表示祝贺复电确认，国民党一大的目的，"在继续辛亥革命事业，以底于完成，使中国脱除军阀与夫帝国主义之压迫，以遂其再造"。这一事业，"全世界之自由民族必将予以同情，而俄国人民来此先声，尤为吾人所感激"。③

大会召开之际，1924 年 1 月 25 日，孙中山等接

① 《鲍罗廷的札记和通报（摘录）》，《联共（布）、共产国际与中国国民革命运动（1920—1925）》，第 471—476 页。

② 《国民政府建国大纲》（1924 年 1 月 23 日），《孙中山全集》第 9 卷，第 126—129 页。

③ 《复苏联代表加拉罕电》（1924 年 1 月 24 日），《孙中山全集》第 9 卷，第 130 页。

到了列宁 21 日逝世的消息。孙中山结合改组事宜，发表悼念演讲，对列宁做了高度的评价："故其为人，由革命观察点看起来，是一个革命之大成功者，是一个革命中之圣人，是一个革命中最好的模范。"他号召学习列宁，巩固党基。他说，这次改组由总理制改为委员制，是因为"有很多有新思想的青年出来了，人民的程度也增高起来了，没有人觉得中国的革命应在二十年以后了。我们从事革命的事业，国民只以为太慢，不以为太快了。故此次改组，即把本党团结起来，使力量加大，使革命容易成功，以迎合全国国民的心理"。

孙中山自比于列宁说："此次改组，就是本总理把个人负担的革命重大责任，分之众人，希望大家起来奋斗，使本党不要因为本总理个人而有所兴废，如列宁先生之于俄国革命党一样。这是本总理的最大希望。"孙中山提议广州各机关下旗三日致哀，并请鲍罗廷介绍列宁的为人。① 随后，大会发喑电给苏联代表加拉罕，决定国民党一大休会三天，

---

① 《关于列宁逝世的演说》（1924 年 1 月 25 日），《孙中山全集》第 9 卷，第 136—138 页。

以志哀悼。

不管孙中山身上还存留多少鲍罗廷担心的亲西方尤其是亲英美思想，他在国民党一大期间表现出来的以俄为师的态度，引起了苏俄人士的注意，给予极高评价："现在国民党不仅想成为党，而且它以自己的行动证明，它确实像成为党。孙逸仙实现了这个有意义的演变。当你考虑到这个问题时，你就会不由自主地得出结论，孙逸仙对于国民党来说，就像伊里奇对于俄国共产党一样。"他的说服技巧同样令人印象深刻，一些国民党"老同志"认为国民党布尔什维克化了，孙中山说，不是如此，而是共产党人向国民党的纲领靠近了；有人提出这次改组是外面因素强加的，但孙中山让所有反对派都同意按新的原则改组党。①

1月28日，代表大会通过了《中国国民党总章》，规定：国民党一大为促进三民主义之实现、五权宪法之创立而制定《总章》，《总章》分"党员""党部组织""特别地方党部组织""总理""最高党部""省党部""县党部""区党部""区分部""任期""纪

---

① 《斯列帕克给维经斯基的信》（1924年2月8日），《联共（布）、共产国际与中国国民革命运动（1920—1925）》，第407—408页。

律""经费""国民党党团"等 13 章及"附则"。按《总章》规定,"凡志愿接收〔受〕本党党纲,实行本党决议,加入本党所辖之党部,依时缴纳党费者",均得为国民党党员。各级党部以全国代表大会、地方代表大会和地方党员大会为"高级机关",各级党部设中央执行委员会、省执行委员会、县执行委员会、区执行委员会和区分部执行委员会,下级受上级管辖。热河、绥远、察哈尔、蒙古、西藏、青海等地党部与省同。国民党最高机关为全国代表大会,常会每年召开一次,有必要时,召开临时全国代表大会。全省代表大会六个月召开一次,县代表大会三个月召开一次,区代表大会或党员大会每个月召开一次。中央到区的执行委员会委员任期一年,区分部半年。纪律惩罚包括党内惩戒、公开惩戒并登党报、暂时或永久开除党籍。党员每月需缴纳二角党费,未经批准三个月不缴者停止党员资格。在工会、议会、学校、商会等机构中,组织国民党党团,"受所属党部执行委员会之指挥及管辖"。

《总章》特设"总理"一章,以示对孙中山的尊崇。按规定,总理为全国代表大会主席,为中央执行委员会主席,"对于全国代表大会之议决,有交复议之权"，"对于中央执行委员会之议决，有最后决定之权"。① 这一特别规定，有其历史原因；其后的演变，对中国现代政治产生了重大影响。

1 月 30 日，经孙中山提议，大会选举孙中山、胡汉民、汪精卫、张静江、廖仲恺、李烈钧、居正、戴季陶、林森、柏文蔚、丁惟汾、石瑛、邹鲁、谭延闿、覃振、谭平山、石青阳、熊克武、李守常（大钊）、恩克巴图、王法勤、于右任、杨希闵、叶楚伧、于树德等 25 人为国民党中央执行委员会委员。邵元冲、邓家彦、沈定一、林祖涵（伯渠）、茅祖权、李宗黄、白云梯、张知本（难先）、彭素民、毛泽东、傅汝霖、于方舟、张苇村、瞿秋白、张秋白、韩麟符、张国焘等 17 人为候补委员。②

这一天下午，孙中山发表了闭幕词。他说，会议的大事，要立刻去做"宣传材料的"，是《中国国民党第一次全国代表大会宣言》。他介绍了宣言的结构，提出，"主义是永远不能更改的，政纲是可以随时修

---

① 《中国国民党总章》（1924 年 1 月 28 日），《孙中山全集》第 9 卷，第 152—162 页。
② 《中国国民党第一届中央执行委员会名单》（1924 年 1 月 30 日），《孙中山全集》第 9 卷，第 180—181 页。

正的"，但要有时限和程序，不可"自作自为"。党员的奋斗如同军队作战，"一致行动就是党员的好道德"。这次大会，像一个大的军事会议，下达了许多攻击命令，又像大兵工厂，造了很多枪炮子弹，都需要各位代表带回去实行。他祈愿，"从今以后拿了好办法去革命，便可一往直前，有胜无败，天天成功，把三民主义、五权宪法宣布到全国的民众"。①

在中国现代革命史上，国民党一大始终占有重要的位置。大会的运作者鲍罗廷本人，对国民党本身评价并不高。他说：

> 对于劳动人民来说，民族主义具有非常具体的内容：把国家从帝国主义的统治下解放出来，同时也把自己从本地的剥削中解放出来。所有这些是毫无疑问的。只要国民党不明白这一点，他就永远不能成为真正的国民革命的政党（国民党第一次代表大会的意义正在于它破天荒第一次试图弄明白这一点），如果我在这里讲国民党不仅

---

① 《中国国民党第一次全国代表大会闭幕词》（1924 年 1 月 30 日），《孙中山全集》第 9 卷，第 176—180 页。

不是以人民群众为基础，而且甚至没有为自己提出足够明确的民族任务，那么我是想用这一点来说明，国民党不仅不是一个国民革命的政党（为此就应该以群众为基础），而且即便从资产阶级的角度来看，它甚至也不是一个捍卫中国利益的民族主义的政党。[1]

即便如此，他也高度认可国民党一大的意义："1924年1月20—30日在广州召开的国民党第一次代表大会开辟了中国国民革命的新纪元。"[2]

中国共产党和中国社会主义青年团中央局分析了国民党一大的成绩，认为对于"幼稚"的国民党不应奢求，要着眼双方合作的未来。因为"现在及最近的将来，我们确实有在国民党内竭诚的和国民党合作之必要"，关于"对外恢复国权，对内民众的政治宣传及为人民利益奋斗的表示"，"决不能让步"；同时，"须一致一切感情并抛弃鄙视国民党之旧观念，努力

---

① 《鲍罗廷的札记和通报》（摘录），《联共（布）、共产国际与中国国民革命运动（1920—1925）》，第423页。
② 《鲍罗廷的札记和通报》（摘录），《联共（布）、共产国际与中国国民革命运动（1920—1925）》，第419页。

深入其群众，以期达到国民革命的联合战线之目的"。因为上述原因，也因为知道"幼稚的国民党初次全国大会代表分子非常复杂不愿以希望过奢，致碍我们合作的初幕"，所以只就其中五项提出最低限度主张：（1）对于党纲草案，大致赞同，对其中的民族主义，有所补充；（2）对于章程草案，大致赞成，对于地方组织，主张当地选人，不得由旅粤或旅沪党人遥领；（3）对于政纲，拥护国际的八条意见；（4）对于中央执行委员会，同选谭平山；（5）对于宣传事业，在党的主义政策之外，须兼及有关人民利害的每个实际问题。①

年轻的共产党人认为国民党"幼稚"，而给予同情之理解，这是观察国民革命不可缺位的视角。

---

① 《中国共产党中国社会主义青年团对于国民党全国大会意见》（1924 年 1 月），《中共中央文件选集》第 1 册，第 215—216 页。

八　三民主义的新阐发

　　《中国国民党第一次全国代表大会宣言》是国民党一大的标志性成果。其诞生的复杂过程，反映了苏俄、孙中山等多方理论和思想的碰撞和磨合，是国民革命的旗帜。

　　按照鲍罗廷1924年1月27日早晨给孙中山的修改意见，《宣言》"由三部分组成——评论、最终目标和为建立一个不仅得到国民党支持的全国政府的真正的行动纲领"，"更简单地说：宣言就是国民党的过去、未来和现在"。[①] 这是就宣言的思想逻辑而言。1月23日通过的成文的《宣言》分"中国之现状"、"国民党之主义"和"国民党之政纲"三大部分。

---

① 《鲍罗廷的札记和通报》（摘录），《联共（布）、共产国际与中国国民革命运动（1920—1925）》，第477页。

"中国之现状"回顾了甲午以后革命党人追随孙中山革命、推翻清政府的简要历史。然而，"革命虽号成功，而革命政府所能实际表现者，仅仅为民族解放主义。曾几何时，已为情势所迫，不得已而与反革命的专制阶级谋妥协。此种妥协，实间接与帝国主义相调和，遂为革命第一次失败之根源"。在这里，国民党人不仅承认辛亥革命"失败"，而且认为失败的原因是与封建势力和帝国主义妥协。这个认知极大地影响了此后中国史学界对于辛亥革命的评价。

《宣言》认为，反袁失败，系因为"尚未能获一有组织、有纪律、能了解本身职任与目的之政党故也"。袁世凯死后，革命仍然归于失败，"所谓民国政府，已为军阀所控制，军阀即利用之接欢于列强"，而列强亦利用之，"使中国内乱纠缠不已"。"可知中国内乱，实有造于列强"，内乱又造成经济凋敝。"中国深入半殖民地之泥犁地狱"，急于寻找出路。出路何在？立宪派、联省自治派、和平会议派、商人政府派等等之方案，徒托空言，而国民党"以国民革命、实行三民主义为中国唯一生路"。

"国民党之主义"分门别类地介绍了三民主义的新内涵。

民族主义有两层意思："一则中国民族自求解放；二则中国境内各民族一律平等。"一方面，国民党求中国的民族解放，"恃为后盾者，实为多数之民众，若知识阶级、若农夫、若工人、若商人是已"。所以民族主义，"实为健全之反帝国主义"。另一方面，"国内各民族宜可得平等之结合"，革命成功以后，"当组织自由统一的（各民族自由联合的）中华民国"。

国民党的民权主义，既有间接民权，也有直接民权。国民不但有选举权，还有创制、复决、罢官各权。民权运动的方式，以五权即立法、司法、行政、考试、监察分立为原则。"凡真正反对帝国主义之个人及团体，均得享有一切自由及权利"，反之不得享有。

国民党的民生主义，重要原则有二：平均地权，节制资本。平均地权的要旨是："私人所有土地，由地主估价呈报政府，国家就价征税，并于必要时依报价收买之。"节制资本的要旨是："凡本国人及外国人之企业，或有独占的性质，或规模过大为私人之力所不能办者，如银行、铁道、航路之属，由国家经营管理之，使私有资本制度不能操纵国民之生计。"

在阐释三民主义新内涵的基础上，《宣言》提出："国民革命之运动，必恃全国农夫、工人之参加，然后可以决胜，盖无可疑者。国民党于此，一方面当对于农夫、工人之运动，以全力助其开展，辅助其经济组织，使日趋于发达，以期增进国民革命运动之实力；一方面又当对于农夫、工人要求参加国民党，相与为不断之努力，以促国民革命运动之进行。"至于革命军人，革命完全成功后，"革命政府行将给以广田"。

本着这样的三民主义，《宣言》指出，将训练其党员，使之成为"宣传主义、运动群众、组织政治之革命的人才"。

"国民党之政纲"分对外、对内政策。对外政策有七条："一切不平等条约，如外人租借地、领事裁判权、外人管理关税权以及外人在中国境内行使一切政治的权力侵害中国主权者，皆当取消，重订双方平等、互尊主权之条约。"凡自愿放弃一切特权的国家，及愿意废除破坏中国主权之条约者，中国皆给予最惠国待遇。中国与列强订立的条约有损中国利益者，要重新审定，以不有害双方主权为原则。中国所借外债，在政治、实业上不受损失的范围内，"保证并偿还之"。庚子赔款，应当完全划作教育经费。"中国境内不负责任之政府"，如北京政府，所借外债，不是为了增进人民幸福，而是为了维持军阀地位，"此等债款，中国不负偿还之责任"。召集各省职业团体、社会团体，讨论偿还外债方法，"以求脱离因困顿于债务而陷于国际的半殖民地之地位"。

对内政策有十六条：关于中央及地方权限，采均权主义；各省自定省宪法，自举省长；确定县为自治单位；实行普选制；厘定各种考试制度；确定人民有集会、结社、言论、出版、居住、信仰的完全自由；将募兵制逐步改为征兵制；设法安置土匪流民，从事有益工作；严定田赋地税法定额，禁止额外征收，如厘金等；清查户口，整理耕地，调整粮食产销；改善农村组织，提高农民生活；制订劳工法；确认男女平等；力行教育普及；国家规定土地法、土地使用法、土地征收法及地价税法；国家经营管理具有独占或私人力量不足以办理的企业。

以上政纲，比较具体，《宣言》称："皆吾人所认为党纲之最小限度，目前救济中国之第一步方法。"①

① 《中国国民党第一次全国代表大会宣言》（1924 年 1 月 23 日），《孙中山全集》第 9 卷，第 114—125 页。

就在《中国国民党第一次全国代表大会宣言》酝酿、修改、公布前后，孙中山开始系统演讲三民主义。孙中山本来准备在《建国方略》的《心理建设》《物质建设》《社会建设》出版之后写作《国家建设》的，而《国家建设》中包括《民族主义》《民权主义》《民生主义》等8册内容，不料陈炯明叛变，草稿尽毁，"并备参考之西籍数百种，悉被毁去"。国民党改组，需要"宣传之资"。1924年1月27日，孙中山乃开始演讲三民主义，由黄昌谷笔记，邹鲁读校。① 这一次的系统演讲，虽有各种遗憾，如无参考书，《民生主义》也未讲完，但代表了孙中山晚年的思考，与《中国国民党第一次全国代表大会宣言》等国民党一大诸文件一起，构成三民主义的新内容。

孙中山说，三民主义就是"救国主义"。所谓"民族主义"就是"国族主义"，这只适用于中国。国家和民族的区别在于："由于王道自然力结合的是民族，由于霸道人为力结合而成的便是国家。"民族的起源有五个要素：血统、生活、语言、宗教和风俗习惯。中国人眼下只有家族和宗族，"要救中国，想中

---

① 《三民主义》（1924年1—8月），《孙中山全集》第9卷，第183页。

国民族永远存在，必要提倡民族主义"。日本发扬民族主义精神，成为亚洲榜样，"我们可以学到象日本，也可知将来可以学到象欧洲"。俄国革命，造成一个新趋势："将来白人主张公理的和黄人主张公理的一定是联合起来，白人主张强权的和黄人主张强权的也一定联合起来"，世界免不了一场大战。

孙中山说，人为的力量，最大的是政治力和经济力。中国人口增长过慢，本就有做列强奴隶而不得的危险，这样就受到天然力、政治力和经济力的三种压迫。政治力容易感受到，如关余事件中列强调集军舰前来威吓；经济压迫比较隐形，海关、银行、货币、汇兑、运输等，每年令中国损失不下 12 亿，所以中国民穷财尽，面临亡国灭种。

当年在满洲统治者的压迫下，中国的民族主义消亡了。但靠着民间的会党，还保存了中国民族主义的余火，而到左宗棠做了"大龙头"以后，归于灭亡。中国民族主义这么容易被消灭，就是因为长期讲世界主义。世界主义是强者的逻辑，"民族主义是人类生存的工具。如果民族主义不能存在，到了世界主义发达之后，我们就不能生存，就要被人淘汰"。世界上分两种人——2.5 亿压迫者，12.5 亿被压迫者。要"提倡民族主义，自己先联合起来，推己及人，再把各弱小民族都联合起来，共同去打破二万万五千万人，共同用公理去打破强权"。

孙中山提出，第一次世界大战，美国总统威尔逊提出十四条，其中最紧要的就是民族自决，但英、法、意等国认为这和帝国主义利益冲突，"他们想永远维持这种垄断的地位，再不准弱小民族复兴，所以天天鼓吹世界主义，谓民族主义的范围太狭隘"。其实，"他们主张的世界主义，就是变相的帝国主义与变相的侵略主义"。但是一次大战中，俄国革命发生了，"世界人类便生出一个大希望"。中国人要把民族主义恢复起来，用 4 亿人的力量为世界打抱不平，这是我们的天职。中国人爱和平，讲文明，"以后要讲世界主义，一定要先讲民族主义"。

那么，用什么方法恢复民族主义呢？孙中山说，方法有两种：第一种，"要令四万万人皆知我们现在所处的地位"。我们所受的祸害，"是从列强来的"，即政治力、经济力和"列强人口增加的压迫"。提倡民族主义，"便先要四万万人都知道自己的死期将近"。第二种，就是把各姓的宗族团体结合起来，"更由宗族团体结合成一个民族的大团体"。

怎样能恢复我们的民族地位呢？孙中山说，我们现在的地位，不是半殖民地，而是"次殖民地"，比殖民地的地位还要低。要恢复民族地位，需要恢复民族精神。还要把"固有的旧道德先恢复起来"，中国固有的道德，是忠孝仁爱信义和平。"还有固有的智能也应该恢复起来"，也就是格物致知诚意正心修身齐家治国平天下的政治哲学。当然，"还要去学习欧美之所长"，做到后来者居上。将来中国强大了，要体会今天身受的列强之苦，"济弱扶倾"，帮助弱小民族。"用固有的道德和平做基础，去统一世界，成一个大同之治。"①

关于民权主义。孙中山说，"民权就是人民的政治力量"，而"管理众人的事就是政治"。"人类庶物由二十万年以来，逐渐进化，才成今日的世界。……就是民权世界。"民权时代，是人类进化的第四个时代。中国两千年前，即有民权的议论。民权是世界大势所趋，所以革命党人一开始革命，便提倡民权。自古以来，无数人想做皇帝，所以要提倡民权，建设共

① 《三民主义》（1924年1—8月），《孙中山全集》第9卷，第183—254页。

和国家，"就是想免了争皇帝之战争"。陈炯明就是想做皇帝而附和革命的，至今帝心不死。

孙中山提出，讲民权，不能不讲自由、平等、博爱。"简单言之，在一个团体中能够活动，来往自如，便是自由。"欧美最初的战争是为了自由，争自由的结果就是民权。欧美人听到自由，就像中国人听到发财一样趋之若鹜，是因为当初他们受专制的痛苦，就像今天中国人受贫穷的痛苦一样。中国不一样，"如果一片散沙是中国人的本质，中国人的自由老早是很充分了"。"我们的革命主义，便是集合起来的士敏土，能够把四万万人都用革命主义集合起来，成一个大团体。这一个大团体能够自由，中国国家当然是自由，中国民族才真能自由。"他认为，博爱与民生主义相通，民权与平等相对待，而法国人说的自由，其实和民族主义相同。

平等问题上，孙中山的思考是辩证的。他说："近来科学昌明，人类大觉悟了，才知道没有天赋平等的道理。""我们讲民权平等，又要世界有进步，是要人民在政治上的地位平等。"他说，中国今天的弊病，不是不自由、不平等，拿这个去提倡民气，"离事实太远"。"三民主义能够实行，便有自由平等。"真正的自由平等，要附属到民权上。就天赋而言，人分三种：先知先觉者为发明家，后知后觉者为宣传家，不知不觉者为实行家。"天之生人虽有聪明才力之不平等，但人心则必欲使之平等，斯为道德上之最高目的。"

孙中山回顾了美国革命史。他提出，不顾事实学习美国，搞联省自治，可谓"习而不察"。因为美国富强，是各邦统一的结果，不是分裂的结果。在中国讲联省，是"为武人割据作护符"。法国革命的历史表明，"人民得到了充分的民权，拿去滥用，变成了暴民政治"。欧美民权的历史，有很多流弊，不能步其后尘。民权主义，是"把中国改造成一个'全民政治'的民国，要驾乎欧美之上"。

孙中山说，义和团之后，国人迷信欧美，对于民权也是如此。实际上，欧美在民权问题上没有好发明，"不足为我们的师导"。欧美物质科学进展甚速，而政治思想不然，不能一样模仿，国会议员成了猪仔议员，是学国外的民权政治"学坏了"。怎样趋利避害，孙中山提出"权能分别"："如果政府是好的，我们四万万人便把他当作诸葛亮，把国家的全权都交到他们；如果政府是不好的，我们四万万人可以实行皇帝的职权，罢免他们，收回国家的大权。""民国的人民，便是股东；民国的总统，便是总办。""国家的政治，根本上要人民有权；至于管理政府的人，便要付之于有能的专门家。"

孙中山认为，欧美物质机器进步很快，"民权政治的机器，至今有了一百多年，没有改变"，"只有一个选举权"，原因在于，如果政府过于强大，人民便无法驾驭，照搬欧美并不能彻底解决问题。他所发明的"权能分别"就是解决思路，政府好比大马力机器，人民就是管理工程师，通过国民大会来管理。在此基础上，把"政权"和"治权"分开，政权交给人民，治权交给政府，"建设一个很完全、很有力的政府，发生极大力量运动全国，中国便可以和美国马上并驾齐驱"。孙中山设想，充分的民权可以包括选举、罢免、创制、复决四权，就是"管理政府的权"；政府的权，就是"政府来替人民做工夫的权"，政府要做好，就要用行政、立法、司法、考试、监察等五权宪法。这九权，保持平衡，"民权问题才算是真解决，政治才算是有轨道"。①

---

① 《三民主义》（1924 年 1—8 月），《孙中山全集》第 9 卷，第 254—355 页。

什么是民生？孙中山说，"民生就是人民的生活——社会的生存，国家的生计，群众的生命"，他用民生来讲社会问题，"故民生主义就是社会主义，又名共产主义，即是大同主义"。他说，社会主义很复杂，社会党内部也很复杂，但"研究最透彻和最有心得的"，是马克思。"马克思所著的书和所发明的学说，可说是集几千年来人类思想的大成"，"是科学的社会主义"。但是，"当初详细研究，反复思维，总是觉得用'民生'这两个字来包括社会问题，较之用'社会'或'共产'等名词为适当，切实而且明了"。孙中山提出，民生问题是"社会进化的原动力"，"马克思认定阶级战争才是社会进化的原因，这便是倒果为因"。在孙中山看来，马克思学说的缺陷，恰恰证明了他的"知难行易"学说。今后，"要把历史上的政治、社会、经济种种重心都归之于民生问题，以民生为社会历史的中心"。

孙中山提出，平均地权，节制资本，"便可以解决中国的民生问题"。他并不贬低共产主义，毋宁说是企图结合其主义于共产主义，"共产主义就是最高的理想来解决社会问题的。我们国民党所提倡的民生主义，不但是最高的理想，并且是社会的原动力"。

"共产主义是民生的理想，民生主义是共产的实行"，分别只在方法。主义是不断发展的，孙中山说，过去革命党人对三民主义往往只知道"革命排满"，眼下"我们国民党的旧同志，现在对于共产党生出许多误会，以为国民党提倡三民主义是与共产主义不相容的"。其实，三民主义和共产主义是好朋友。民生主义，"就是要把社会上的财源弄到平均"，必须用平均地权、涨价归公的办法解决土地问题。另外，不仅要节制资本，还要照《物质建设》开具的方法，"发达国家资本"，"所得的利益归大家共享"。

"民生主义的第一个问题，便是吃饭问题。"孙中山引用外来数据称："中国人口在这十年之中所以少了九千万的缘故，简而言之，就是由于没有饭吃。"其原因，就是农业不进步，同时受外国经济的压迫。民生主义，"就是要四万万人都有饭吃，而且要有很便宜的饭吃"。解决民生，农业为先，"'耕者有其田'，那才算是我们对于农民问题的最终结果"，另外还要解决机器、肥料、换种、除害、制造、运送、防灾等七个问题。不但要解决生产问题，还要解决分配问题，孙中山甚至提出要解决粮食储备制度：将盈余粮食存储起来，粮食足够三年之用，才能准许外运。

"资本主义是以赚钱为目的，民生主义是以养民为目的"，这是双方的根本区别。

吃饭之外，穿衣为第二重要之事。孙中山说，目前解决民生问题，不是要解决安适问题，不是解决奢侈问题，而是解决需要问题，穿衣也是如此。穿衣首先要解决材料的生产，也就是丝、毛、棉、麻，还要解决制造问题。解决这些问题，涉及政治，"保护本国工业不为外国侵夺，便先要有政治力量，自己能够来保护工业"。"现在欧美列强都是把中国当做殖民地的市场，中国的主权和金融都是在他们掌握之中"，所以，专从经济入手，是不能解决问题的，要"打破一切不平等的条约"。①

《中国国民党第一次全国代表大会宣言》和系统演讲的《三民主义》，集中体现了苏俄和中共影响下的孙中山在理论建设上达到的新高度，成为推动国民革命从酝酿到发动的思想准备。

---

① 《三民主义》（1924 年 1—8 月），《孙中山全集》第 9 卷，第 355—427 页。

九　黄埔军校的建立

　　黄埔军校的建立，亦与苏俄植入革命的通盘规划有着密切的关系。1921 年 12 月，马林在张太雷陪同下赴桂林晋谒孙中山，提出两条建议："（一）组成一能联合各革命阶级，尤其是工农大众的政党。（二）要有真正的革命武装，应设立一军官学校。"①

　　这一设想，长期滞留在纸面，直到孙中山和苏俄建立密切联系后，才被付诸实际讨论。1923 年下半年，孙中山对苏俄帮助其开展军事工作兴趣甚大。"孙逸仙博士代表团"的派出，即负有这方面的重大使命。1923 年 9 月 9 日，"孙逸仙博士代表团"的蒋介石、沈定一、王登云和张太雷拜访了苏联革命军事

① 　陈锡祺主编《孙中山年谱长编》下册，第 1410 页。

委员会副主席斯克良斯基和红军总司令加米涅夫，双方交换意见后，在三个方面提出具体看法。

第一，双方认为在俄国境内为中国人成立军校是可取的。一是高级军校，培训30人左右，校址在彼得格勒或莫斯科；二是中级军校，招收500人左右，放在伊尔库茨克或海参崴。学员必须严格把关。

第二，对代表团了解红军的想法，将有专人负责。

第三，鉴于南方英美帝国主义势力强大，代表团出发前，国民党和孙中山决定把战场转移到中国西北地区。这也是派出代表团的目的所在。蒋介石介绍说，"西北计划"的要点是：在陕西建立对付吴佩孚的兵团；在库伦以南中蒙边境建立孙中山的新军，"按照红军的模式和样子组建军队"。①

但是，苏俄运作植入国民革命的过程中，根据自身的经验，始终认为政治和组织准备活动优先于纯粹的军事行动。1923年11月，托洛茨基在给契切林和斯大林的信中，严肃地否决了越飞派2名飞行员和5

---

① 《巴拉诺夫斯基关于国民党代表团拜会斯克良斯基和加米涅夫情况的书面报告》（1923年9月10日），《联共（布）、共产国际与中国国民革命运动（1920—1925）》，第284—287页。

名参加过俄国国内战争的总参谋部军官去中国的想法。他说："我认为，应该极其果断地和坚决地向孙逸仙和他的代表们灌输这样一种思想，即现在他们面临着一个很长的准备的时期；军事计划以及向我们提出的纯军事要求，要推迟到欧洲局势明朗和中国完成某些政治准备工作之后。"①

11月13日，当"孙逸仙博士代表团"的蒋介石、王登云、张太雷和邵元冲再次拜会斯克良斯基和加米涅夫时，斯克良斯基说："目前，孙逸仙和国民党应该集中全力在中国做好政治工作，因为不然的话，在现有条件下的一切军事行动都注定要失败。"蒋介石争辩说，在孙中山和越飞见面之后，国民党已经加强了政治活动，"但党认为同时也有必要开展军事活动"，因为地球上几乎所有的帝国主义都反对中国，而俄国革命时只有一个敌人——沙皇政府。斯克良斯基再次指出对群众的政治工作在革命中具有的重大意义，同时也可以做些军事准备工作，派中国同志到苏联军校学习，总参谋部学院可以接受3—7人，军事学

---

① 《托洛茨基给契切林和斯大林的信》（1923年11月2日），《联共（布）、共产国际与中国国民革命运动（1920—1925）》，第308—309页。

校可以接受 30—50 人。蒋介石建议增加派出数量，斯克良斯基提出要看第一期开办的质量。①

1923 年 11 月 27 日，托洛茨基亲自接见了"孙逸仙博士代表团"的蒋介石、沈定一、张太雷、王登云和邵元冲等五人。他坚决地指出："国民党应当立即坚决地、急剧地改变自己的政治方向盘。目前，他应该把全部注意力集中在政治工作中来，把军事活动降到必要的最低限度。你们的军事工作不应当超过政治活动的 1/20，无论如何不要超过 1/10。"他批评孙中山只从事军事行动，这让他在群众眼里跟张作霖、吴佩孚没有区别。②

托洛茨基等人对政治的强调，自有其论据。但如前述，在中国的鲍罗廷认为有必要建立军校，以改造国民党的武装；而且此时的广州，面临陈炯明来犯的严峻考验，理论无法取代生存的迫切现实需要。1923年 11 月 19 日，孙中山主持国民党临时中央执委会，

① 《巴拉诺夫斯基关于国民党代表团拜会斯克良斯基和加米涅夫情况的书面报告》（1923 年 11 月 13 日），《联共（布）、共产国际与中国国民革命运动（1920—1925）》，第 309—312 页。

② 《巴拉诺夫斯基关于国民党代表团拜访托洛茨基情况的书面报告》（1923 年 11 月 27 日），《联共（布）、共产国际与中国国民革命运动（1920—1925）》，第 340 页。

决定"先招有军事学识党人约十数人，日间为学生讲习高深军事学及党义，夜间教练义勇军"。① 打退陈炯明后，有将义勇军变为"本党军官学校"之议。② 延续这一思路，11 月 26 日，孙中山主持临时执委会第十次会议，决定义勇军学校叫"国民军军官学校"，蒋介石为校长，陈翰誉为教练长，廖仲恺为政治部主任，由廖仲恺负责筹备。③ 1924 年 1 月 24 日，孙中山派蒋介石为陆军军官学校筹备委员长，王柏龄、邓演达、沈应时、林振雄、俞飞鹏、宋荣昌和张家瑞为筹备委员。④ 1 月 28 日，孙中山指定广州黄埔岛上的原广东陆军学校和海军学校为"陆军军官学校"校址。⑤ 故该军校又称黄埔军校。

国民党一大期间，孙中山就开始委托各省代表推

---

① 《国父年谱》下册，第 975 页。

② 曾庆榴：《关于黄埔军校》，广东省立中山图书馆、广州市社会科学院、中山大学图书馆编《黄埔军校史料汇编》第 1 辑第 1 册，广东教育出版社，2012，第 1—2 页。

③ 《国父年谱》下册，第 976 页。

④ 中国第二历史档案馆编《蒋介石年谱（1887—1926）》，九州出版社，2012，第 140 页。

⑤ 另一说为"以黄埔旧水师学堂和陆军小学的旧址为校址"，见《黄埔军校简介》，广东革命历史博物馆编《黄埔军校史料（1924—1927）》，广东人民出版社，1982，第 2 页。

荐军校考生，国共要人均为此付出巨大努力，像毛泽东就负责了上海地区招生复试工作。[①] 报名地点一是"中国国民党中央执行委员会本校驻省办事处"，二是"中国国民党上海执行部"。要求年龄在 18—25 岁；学历要求旧制中学毕业或相当程度；身体健康，无花柳等疾病；思想上的要求是："中国国民党党员，能了解国（民）革命速须完成之必要者，或具有接受本党主义之可能性，无抵触本党主义之思想，有本党党员之介绍者。"[②]

1924 年 2 月 6 日，黄埔军校筹备委员会成立，8 日召开筹备会议。不久，蒋介石于 2 月 21 日径自赴沪，经孙中山、廖仲恺、胡汉民等多次催促，蒋介石至 4 月 26 日才施施然进校视事。被迫无奈，2 月 23 日，孙中山委派廖仲恺负责筹备。廖开会多次，事无靡遗，实际上对黄埔军校的建立发挥了关键作用。1924 年 3 月 27 日，黄埔军校在广州举行总复试，4 月 28 日放榜。录取学生中，大学毕业生 18 人，大学肄业生 63 人，专科毕

---

① 中共中央文献研究室编《毛泽东年谱（1893—1949）》，中央文献出版社，2013，第 123 页。
② 《招生简章》，《黄埔军校史料（1924—1927）》，第 36 页。

业生 26 人，专科肄业生 46 人，师范毕业生 46 人，高中毕业生 159 人，高职毕业生 60 人，并有留学法、德、日者。① 全国录正取生 360 余名，备取生 120 余名，合计黄埔一期录取 490 余名。② 1924 年 5 月 2 日，孙中山以大元帅名义，任命蒋介石为"陆军军官学校"校长，同日，任命其为粤军总司令部参谋长。③

以"投机"二字形容蒋介石一生的经历并不公允，但在黄埔军校问题上，他实属投机。过去在援闽粤军中，蒋介石即多次辞职，孙中山以党中军事人才稀缺，多次温言鼓励，反复催促，以示重视，蒋乃一再得售其计，食髓知味，反复操练。蒋在 2 月 21 日擅离职守，苏联军事顾问分析说，"显然是因为他当时还不完全明白这所军校对于大资产阶级和对他本人来说是一笔多么可观的财富"。④ 文中除了"大资产阶级"

① 容鉴光、叶泉宏：《黄埔军校一期研究总成》，台北，易风格数位快印有限公司，2003，第 161 页。转引自曾庆榴《关于黄埔军校》，《黄埔军校史料汇编》第 1 辑第 1 册，第 3 页。
② 郭一予：《毛泽东负责上海地区考生复试》，《黄埔军校史料（1924—1927）》，第 38 页。
③ 《特任蒋中正职务令》（1924 年 5 月 2 日）、《任命蒋中正职务令》（1924 年 5 月 2 日），《孙中山全集》第 10 卷，第 159 页。
④ 〔苏〕亚·伊·切列潘诺夫：《中国国民革命军的北伐——一个驻华军事顾问的札记》，第 91 页。

为时代性话语外，其余可说洞悉其微。果然，蒋辞职后，2月23日，孙中山即批示其辞呈，"务须任劳任怨，百折不回，从穷苦中去奋斗"，不准其辞职。① 蒋不为所动。2月29日，孙中山再次抬举蒋介石，说"军官及学生远方来者逾数百人，多为慕兄主持校务"，"不应使热诚倾向者失望而去"。② 其推崇之重，蒋介石也只得承认"知遇之隆，并世稀有"，但他笔锋一转，全面攻击孙中山的用人为藏污纳垢："惟闻先生之门，身为军府僚属，而志在西南统帅者有之；暂且蜷伏一时，而谋竖独立旗帜者有之，至如为国为党而又为先生尽力者，殆无其人也。今日先生之所谓忠者、贤者及其可靠者，皆不过趋炎附势、依阿谄谀之徒耳。"而"无难不从，无患不共"者，只有故去的陈其美和他蒋介石。③ 蒋的攻击，不符事实，自不待言；而国民党人中如此反噬孙中山，近乎辱骂者，只怕也是空前绝后。攻击孙中山本人之后，蒋介石又

① 《批蒋中正函》（1924年2月23日），《孙中山全集》第9卷，第507页。
② 《致蒋中正电》（1924年2月29日），《孙中山全集》第9卷，第526页。
③ 《蒋介石年谱（1887—1926）》，第144—145页。

致函廖仲恺，除断言"俄党对中国之惟一方针，乃在造成中国共产党为其正统，决不信吾党可与之始终合作，以互策成功者也"，又对孙中山讥评不已："孙先生回粤已阅十五月，为时不可为不久，而对于民政、财政、军政，未闻有一实在方案内定，如期施行。"[①]后来，杨西岩免职，胡汉民任秘书长，财政等事宜亦加变更，廖仲恺告知蒋，"皆兄所期望，而先生所赞同，且既实行以示更始之意"。[②] 蒋才慢吞吞回到广州。其时，军校开学已经基本就绪。

5月5日，黄埔军校第一期学生进校，编为一、二、三队，7日，备选生120名进校，编为第四队。9日，孙中山任命廖仲恺为黄埔军校党代表。校本部之下，设政治、教授、训练、管理、军需、军医六部。政治部主任为戴季陶（后为邵元冲、周恩来），副主任周恩来（后为张崧年）；教授部王柏龄为主任，叶剑英为副主任；训练部李济深为主任，邓演达为副主任；军需部周骏彦为主任，俞飞鹏为副主任；管理部林振雄为主任，陈适为副主任；军医部宋荣昌为主任，

---

① 《蒋介石年谱（1887—1926）》，第150、148页。

② 《蒋介石年谱（1887—1926）》，第151页。

李其芳为副主任。何应钦为军事总教官。共产党员茅延桢、金佛庄、胡公冕等参与了军校筹建。① 5 月 13 日，孙中山特任汪精卫、胡汉民、邵元冲为黄埔军校政治教官。

1924 年 6 月 16 日，黄埔军校举行开学典礼，蒋介石、廖仲恺、胡汉民、汪精卫、林森、程潜、张继、伍朝枢、许崇智、谭延闿、杨希闵、刘振寰、孙科、吴铁城等参加典礼。孙中山发表长篇讲话，说"中国十三年的革命完全是失败"，而俄国革命，面对更强大的敌人，却获得了"彻底的成功"，原因在于他们组织了革命军。相比之下，"我们革命，只有革命党的奋斗，没有革命军的奋斗"，让军阀把持了民国。"开办这个学校，就是仿效俄国。"黄埔军校的目的，"就是要从今天起，把革命的事业重新来创造，要用这个学校内的学生做根本，成立革命军"，"来挽救中国的危亡"。他勉励诸生："要维持共和，消灭这般贪暴无道的军阀，所以要诸君不怕死，步革命先烈的后尘，更要用这五百人做基础，

---

① 钱大钧：《黄埔军校开创时期之组织》，《黄埔军校史料（1924—1927）》，第 97 页；曾庆榴：《关于黄埔军校》，《黄埔军校史料汇编》第 1 辑第 1 册，第 2—3 页。

造成我理想上的革命军。"① 黄埔学生唱校歌五阕，另唱《国民革命歌》："打倒列强，打倒列强，除军阀，除军阀，国民革命成功，国民革命成功，齐欢唱，齐欢唱。" 胡汉民宣读了孙中山给黄埔军校的训词："三民主义，吾党所宗，以建民国，以进大同。咨尔多士，为民先锋，夙夜匪懈，主义是从。矢勤矢勇，必信必忠，一心一德，贯彻始终。"②

从 1924 年到 1927 年，黄埔军校共在广州办学六期，毕业生 8107 人，其中前四期毕业 4971 人。③ 早期的黄埔军校，为国共双方都培养了大量的军政人才。

苏俄的参与，是黄埔军校的重要特色。国民党一大期间，孙中山接见了鲍罗廷和苏俄军官切列潘诺夫、波利亚克、捷列沙托夫、格尔曼等，孙中山表示，"我们的首要任务是按照苏联式样建立一支军队，准备好北伐的根据地"。④ 这些苏俄军官与上年 6 月一起

---

① 《在陆军军官学校开学典礼的演说》（1924 年 6 月 16 日），《孙中山全集》第 10 卷，第 290—300 页。
② 《蒋介石年谱（1887—1926）》，第 183 页。
③ 曾庆榴：《关于黄埔军校》，《黄埔军校史料汇编》第 1 辑第 1 册，第 5—6 页。
④ 〔苏〕亚·伊·切列潘诺夫：《中国国民革命军的北伐——一个驻华军事顾问的札记》，第 90 页。

抵达中国的斯莫连采夫担任了学校顾问。后来苏联还派出红军军长巴甫洛夫来黄埔军校。另有各军兵种专家乌格尔、萨赫诺夫斯卡娅、楚芭列娃、斯密尔诺夫、沙尔菲耶夫、艾蒂金、舍瓦尔金、别斯恰斯诺夫、雅科夫列夫、基列夫、格米拉、杰涅克、帕洛、齐利别尔特、科楚别耶夫、马采利克、罗加乔夫、斯捷潘诺夫等约 20 人。[①] 1924 年下半年，布留赫尔（也译作布柳赫尔，化名加伦）将军来到黄埔，统领、加强了顾问力量。

除了军事顾问，苏联还给了黄埔军校、黄埔学生军和后来的国民革命军大量军火、金钱援助。因为史料散佚，今天很难完全准确地辨明援助的具体数量和去向，但俄共（布）中央政治局中国委员会档案中，保留了较多线索：1925 年 5 月 29 日，中国委员会讨论决定，"中国的一切军政工作和经费发放统一集中于中国委员会"。在讨论到在中国南北设置军事小组时，"契切林同志说，有 200 万卢布由外交人民委员部支配，这笔钱用于支持广州小组、黄埔军校、政训班，资助组建一个新的师团，援助国民党和中国共产党。

---

① 李玉贞：《国民党与共产国际（1919—1927）》，第 255—256 页。

目前这笔经费已经花光"。会议决定的事项包括"资助在南方组建两个新的师团和黄埔军校","拨出45万卢布用于组建两个新师团,维持一个老师团和黄埔军校。指示加伦同志,上述款项为9个月,即到1926年1月1日的费用"。[①]

6月5日,中国委员会再次开会,决定在两个月内在预算外再给加伦拨款10万卢布,"资助黄埔军校和一个老的师团"。它同时"指示北京和加伦,我们资助的45万卢布只用于组建部队的开支。师团建成以后的费用应当完全由中国人承担"。[②] 9月,中国委员会讨论了在广州建立骑兵、加强冯玉祥部和广州空军的问题。[③]

9月30日,在给斯大林的报告中,温施利赫特等人说,中国委员会在9月的两次会议上议决了为加强

① 《俄共(布)中央政治局中国委员会会议第2号记录》(1925年5月29日),《联共(布)、共产国际与中国国民革命运动(1920—1925)》,第623—624页。

② 《俄共(布)中央政治局中国委员会会议第3号记录》(1925年6月5日),《联共(布)、共产国际与中国国民革命运动(1920—1925)》,第629页。

③ 《俄共(布)中央政治局中国委员会会议第11号记录》(1925年9月23日),《联共(布)、共产国际与中国国民革命运动(1920—1925)》,第680页。

黄埔军队，给广州调拨总额为 3988242 卢布的武器，还有给广州 15 架飞机的事项。该报告称，中国委员会建议给冯玉祥部和广州方面调拨 18834147 卢布的炮兵器材和飞机，加上运费，共 20557136 卢布 12 戈比。而在 1924—1925 年度，已经发运 6056990 卢布的炮兵器材，运费 445273 卢布 12 戈比，所以建议在 1925—1926 年度调拨 12777157 卢布的器材，加上运费共 14054873 卢布。[①]

10 月，已经从广州回到莫斯科的斯莫连采夫起草了支持广州方面的计划：将黄埔军队扩充到 2.5 万人（现有 6000 人），加强其空军和"技术作战手段"，打算给广州调拨步枪 1.5 万支、机枪 100 挺、子弹 2000万发、带炮弹的火炮 24 门、带炮弹的掷弹炮 50 门、飞机 15 架。他说，广州面临的任务有三：彻底消灭广东境内的敌对军阀集团；统一全省，财政掌握在政府手里；确保不受北方进攻。黄埔军达到 2.5 万人以后，"组成改组后的政府军的坚强核心，不仅能完全胜任

[①] 《温施利赫特和博尔特诺夫斯基给斯大林的书面报告》（1925 年 9月 30 日），《联共（布）、共产国际与中国国民革命运动（1920—1925）》，第 696—697 页。

上述任务，而且能扩大自己对邻近省份的影响"。他精明地表示："将财政集中到政府手中，广州政府则能够偿还我们的债务。"①

以国民党、苏俄和中共合作建立的黄埔军校为核心，国民革命军的建立，成为水到渠成的事实。

① 《斯莫连采夫对向人民军和广州提供物质支援计划的说明》（1925 年 10 月 7 日），《联共（布）、共产国际与中国国民革命运动 （1920—1925）》，第 709 页。

十　苏俄、中共帮助建立国民革命军

国民革命军由黄埔军校首创其体制，并为其核心，逐步扩大。

从黄埔建军的第一天起，苏俄和中共，就给予了重视，这使得国民革命军自创生时就打上了深深的红色印记。当然，当时的中共，被共产国际指令主要从事工农运动，重视程度上颇有差别。

黄埔招生时，中共中央发出通告："广州黄埔军校正拟招收三千名入伍生，望各地速速多选工作不甚重要之同学，少校同学及民校左派同学，自备川资和旅费，前往广州投考，以免该校为反动派所据。"① 其中，"同学"指"同志"，"少校"指"共青团"，"民

---

① 《中国共产党通告第六十二号》，《黄埔军校史料（1924—1927）》，第 70 页。

校"指"国民党"。黄埔的前三期师生中，共产党员除周恩来、叶剑英外，尚有第一期的刘仇西、李之龙、蒋先云、张其雄、杨其纲、王尔琢、游步仁、许继慎、杨溥泉、曹渊、唐同德、曹石泉、毛延桢、金佛庄、彭干臣、傅维钰、张继春、陈赓、徐象谦（向前）、王逸常，第二期的周逸群、王伯苍，第三期的饶荣春、周恩渭等人。① 另有统计称，第一期结业645人中，中共党员41人，占6.5%；第二期毕业449人中，中共党员占4.45%；第三期毕业1233人中，中共党员占0.973%。② 前热后冷态势明显，之所以如此，是因为指导方针有变。中共中央1926年发布通告称："我们的同志宜少派人前往，总以多找左派为原则。凡已任有工作同志——尤其是工运、农运同志——绝对不可令之抛弃工作前去。惟能力幼稚，尚不能独立工作而生活又难自维持，想入黄埔者，亦可允其前去。"③人数虽不占优势，但周恩来作为军校政治部主任，被

① 王逸常：《中共黄埔特别支部的领导和主要成员》，《黄埔军校史料（1924—1927）》，第116页。
② 李云汉：《中国国民党史述》，台北，中国国民党中央党史委员会，1994，第496—497页。
③ 《中国共产党通告》（钟字第二十二号），《黄埔军校史料（1924—1927）》，第80页。

认为是中共"渗入政工之始"。① 由于周恩来等人的领导，黄埔军校中，中共党员极为活跃。1924 年 7 月 6 日，黄埔军校第一届特别区党部执监委选举，共产党员金佛庄、李之龙两人和蒋介石、严凤仪、陈复等当选。②

苏俄则不同，它根据在中国的苏俄外交工作人员对国民党的判断，采取了积极的支持态度。加拉罕报告契切林说："国民党正在变成一个真正生气勃勃的、积极的、组织良好的国民革命党，这是我们在任何其他国家都没有的。无论在印度，还是在土耳其、波斯，都没有这样一个举足轻重的国民革命党。"他强调："正是国民党处于我们的影响之下，正是国民党对我们的威望充满尊敬和崇拜，正是这个党，它如此驯服地接受我们的指示和共产国际的决议。"③ 如前所述，黄埔军校成立过程中，它全程参与；军校成立后，主要依赖其挹注。对此，参与组建黄埔军校的王柏龄有

---

① "国军政工史稿编纂委员会"编《国军政工史稿》（上），台北，"国防部"，1960，第 89 页。
② 《本校特别党部简况》，《黄埔军校史料（1924—1927）》，第 108 页。
③ 《加拉罕给契切林的信》（1924 年 2 月 9 日），《联共（布）、共产国际与中国国民革命运动（1920—1925）》，第 414 页。

生动的记述：

> 革命是靠精神的，不错。不能全无凭借，徒
> 手是不能打倒枪炮的。……远远见白色三烟囱的
> 兵船出现了，满船挂起旗饰，船尾上悬的一面红
> 旗，角上有白的，是斧头镰刀。……斜刺里尾巴
> 上插着一支青天白日满地红的国旗的小汽艇飞跃
> 而出，浪花四溅。……却原来校长、校党代表，
> 及顾问先去慰访。……八千枝完全有刺刀，俄国
> 式的步枪，每枪有五百发子弹，是一个很大的数
> 量，无不欢天喜地。……我们不能不感谢我们革
> 命的朋友苏联。也惟有革命的朋友，才有这样的
> 帮助。[①]

苏俄和中共在黄埔军校中合法立足，其氛围便异
于寻常。"关于社会主义、共产主义、马克思主义等
书籍，以及表同情于本党或赞成本党政策而极力援助
本党之一切出版物，除责成政治部随时购置外，本校

---

① 　王柏龄：《苏联援助军校枪械》，《黄埔军校史料（1924—1927）》，
第 71—73 页。

学生皆可购阅。"①

　　苏俄帮助之下，蒋介石访苏期间早已经实地考察过的苏军党代表制，便顺理成章地在黄埔落地，廖仲恺被任命为党代表。党代表的设置，乃"为灌输国民革命之精神，提高战斗力，巩固纪律，发展三民主义之教育"。"党代表在军队中，为中国国民党之代表，关于军队中之政治情形及行为，党代表对党员负完全责任。""党代表为军队中党部之指导人，并施行各种政治文化工作。""党代表为所属军队之长官，其所发命令，与指挥官同，所属人员须一律执行之。"至于党代表与部队指挥官的关系，规定"党代表不干涉指挥官之行政命令，但须副署之"。"党代表于认为指挥官之命令有危害国民革命时，应即报告上级党代表，但于发现指挥官分明变乱或叛党时，党代表得以自己的意见，自动的设法使其命令不得执行。"②

　　廖仲恺作为孙中山亲自任命的党代表，又是黄埔军校的实际筹建人，被授予极大的权力。但廖仲恺身

---

① 《汪党代表训令》，《黄埔军校史料（1924—1927）》，第79页。
② 《国民革命军党代表条例》，《黄埔军校史料（1924—1927）》，第139—140页。

兼数职，为了把孙中山开创的事业落到实处，异常忙碌。黄埔学生张治中回忆说：

> 我们廖先生本来是一个革命党员，对于这一班军阀的情形怎么能看得惯。但是他为了要养活这五百个革命青年，他不得不为我们牺牲身分，而并且也靠在大烟床上陪着军阀谈笑，等到军阀高兴了，他才提出某一个地方有一笔款子可以让他去收一收……①

廖仲恺分身乏术，而蒋介石决心以黄埔为基石开创自己的事业。1924 年 8 月 10 日，他奉令扣留为广州商团运输军火的挪威籍轮船，"商团事件"于焉爆发。② 8 月 11 日，蒋介石上书国民党中央政治委员会，提出："以中正之意，如果三营干部能于三个月之内成立，则广州根据地可以策安全而无虑，迨至革命军三团成立以后，不特广东全局可以肃清，

---

① 《五百师生的艰苦创校》，《黄埔军校史料（1924—1927）》，第67 页。
② 《蒋介石年谱（1887—1926）》，第 202 页。

即底定中原，亦易着手。"① 9 月 3 日，蒋介石派何应钦按照苏俄军制筹备教导团。② 当月，广州商团事件持续发酵，孙中山曾命令将收缴的枪械"分给军官学校长枪六百杆，教导团长枪一千杆"。旋即又令发还。③ 但可见教导团已经在这段时间内成立。此为黄埔学生转为军队的重要节点。后何应钦担任教导团团长，王登云为党代表（缪斌继之），刘秉粹为参谋长，陆续地，沈应时被任命为一营营长，陈继水（承）为二营营长（文素松继之），王俊为第三营营长。④

1924 年 10 月 9 日，孙中山因商团事件愈发严峻，广州危急，密电蒋介石放弃黄埔，将枪弹与学生一起送往韶关，"为北伐之孤注"。⑤ 蒋介石则以苏俄新枪已到，"新练部队暂足应用，而商械并不精锐"，决意

① 《蒋介石年谱（1887—1926）》，第 202 页。
② 《蒋介石年谱（1887—1926）》，第 207 页。
③ 《给蒋中正的命令》（1924 年 9 月 12 日），《孙中山全集》第 11 卷，第 50 页；《蒋介石年谱（1887—1926）》，第 209 页。
④ 钱大钧：《黄埔军校开创时期之组织》，《黄埔军校史料（1924—1927）》，第 99 页。
⑤ 《孙文为平定广东商团叛乱致胡汉民等密电》（1924 年 10 月），《中华民国史档案资料汇编》第 4 辑（2），第 786 页。

"死守孤岛"，等候孙中山来援。^① 黄埔军校教导团在商团事件中发挥了重要作用，王柏龄称："开校三四个月，其一泻千里的进步，固足使人惊叹。"^② 挺过危机以后，1924 年 11 月 3 日，孙中山辞别黄埔军校师生，准备北上因应北京政变造成的新局面。11 月 11 日，孙中山令将黄埔新军称为"党军"。13 日，孙中山启程北上。11 月 30 日，蒋介石呈请任命胡公冕为教导团第一营党代表，茅延桢为第二营党代表，蔡光举为第三营党代表。^③ 共产党员角色吃重，令人瞩目。诚所谓"本党建军自黄埔始，军队政工亦自黄埔始"。^④ 1924 年 12 月 2 日，蒋介石呈请成立教导第二团，王柏龄为团长，郭大荣为参谋长，顾祝同为第一营营长，林鼎祺为第二营营长；原教导团改为教导第一团。^⑤ 后以张静愚为第二团党代表，金佛庄为第二

---

① 《蒋介石年谱（1887—1926）》，第 218 页。
② 王柏龄：《孙文主义学会的成立》，《黄埔军校史料（1924—1927）》，第 336 页。
③ 《蒋介石年谱（1887—1926）》，第 240 页。
④ 《国军政工史稿》（上），第 86 页。
⑤ 《蒋介石年谱（1887—1926）》，第 240 页；并见钱大钧《黄埔军校开创时期之组织》，《黄埔军校史料（1924—1927）》，第 99 页。

团第三营营长。① 同月，军校成立参谋处，钱大钧为处长。1924 年 3 月 29 日，蒋介石呈请任命周恩来为军法处处长。② 同年 4 月 11 日，蒋呈请任命张治中为入伍生总队长。

对于蒋介石主导的黄埔军校及其军队在苏联援助下迅速发展，苏联是满意的。接替溺水身亡的巴甫洛夫将军担任军事顾问的加伦将军写道："国内发生的每一政治事件，都会反映到学校中来。到（1924 年）10 月，军校的政治影响即已超出黄埔的范围，成为广州时局中举足轻重的（因素）……军校在政治上日益活跃，它通过在工人组织中工作的共产党员，同工人组织取得联系，成为广州群众社会政治运动的指导力量。"③

而年轻的中国共产党对其中蕴含的危险因素进行了非常深邃和有远见的批评，而且批评对象正是苏俄代表鲍罗廷及其执行的政策。

---

① 《蒋介石年谱（1887—1926）》，第 247 页。
② 《蒋介石年谱（1887—1926）》，第 294 页。
③ 〔苏〕A. И. 卡尔图诺娃：《加伦在中国（1924—1927）》，中国社会科学院近代史研究所翻译室译，中国社会科学出版社，1983，第 41 页。

1924 年 10 月，中国共产党中央执行委员会全体会议认为，共产国际代表鲍罗廷和瞿秋白在广州的工作"犯了一些错误"。执行委员会直率地提出：

共产国际代表未弄清楚国民党的人员构成，以后也未意识到，除了共产党人，在国民党中没有另一个左派。国民党中被称为左派的那一部分，实际上不仅不是左派，而且也未必能认为是中派，因为他们的主要观点和行动（如试图利用反动军阀来进行战争，回避捍卫工农利益等）与右派的活动完全一致，他们始终同右派实行妥协来镇压左派（共产党人）。共产国际代表在军事政策上对国民党的帮助，实际上扩大了右派的反对势力。在中派拒绝接受鲍罗廷同志关于镇压反动派的建议和反对进行北伐来援助张作霖和卢永祥之后，鲍罗廷同志在关于不镇压反动派，停止反英斗争，停止反对孙以进行北伐为借口离开广州等问题上同孙逸仙妥协了。他还犯了另一个错误，促使孙博士发表一个宣言，宣布对广东的管理权归广东人，广州市长实行民选。

执委会认为，"鲍罗廷同志犯了许多错误"，其中"特别大的错误是他支持国民党的军事行动"。执委会还批评鲍罗廷与其联系甚少。[①]

不仅如此，中共中央直接致函鲍罗廷，对其进行严厉的批评和指责。批评的依据是在黄埔军校和教导团中担任要职的共产党员金佛庄的报告：

> 黄埔有很大的缺点：（1）右派军官千方百计阻挠工作（政治工作），国民党中央委员会派去的政委（按：指党代表廖仲恺）实际上没有把工作开展起来，而蒋介石校长参加的国民党支部什么事都不能做。（2）在学校里无政府主义者占上风，新改编的模范团也落到他们手中。（3）你们的资金不知他们用到何处去了。因此，除了我们的同志以外，受他们（右派和无政府主义者）影响的学员很容易涣散。俄国的血汗（你们的资金），或许还有世界无产阶级的血汗花在这种学

---

① 《中国共产党（中央）执行委员会全体会议就瞿秋白同志关于广东政治路线的报告作出的决议》（1924年10月8日），《联共（布）、共产国际与中国国民革命运动（1920—1925）》，第533—534页。

校上，我们认为很不值得，因为这个军校与其它任何一个军阀的军校没有什么区别。①

对照黄埔军校和国民革命后来的演变，年轻的中国共产党提出的批评，显然比鲍罗廷更有远见。而且也证明，后来大革命的失败，并不能归咎于中共的"幼稚"。

黄埔军队日益扩充之际，制度建设亦得加快。1925年1月6日，制定了《革命军连坐法》，以制止临阵退却行为。② 随即，蒋介石制定"革命军陆军官佐进级及任免条例，陆军官佐薪饷表"，还有《革命军编制草案》《革命军士兵逃亡惩处赏罚条例》《革命暂行陆军士兵开补规则》等。③ 而陈炯明趁孙中山北上，兵分三路，进逼广州。1月20日，广州政府和国民党中央执行委员会任命蒋介石为东征总指挥以对付之。至3月，东征以击溃陈炯明部主力告一段落。第一次东征，黄埔军经常以一当十，以寡击众，显示了

① 《中共中央给鲍罗廷的信》（1924年10月10日），《联共（布）、共产国际与中国国民革命运动（1920—1925）》，第536—537页。
② 《蒋介石年谱（1887—1926）》，第261页。
③ 《蒋介石年谱（1887—1926）》，第263、267页。

新式军队巨大的战斗力，广东革命形势大为好转，也让苏俄力主的政治建军理路获得广泛的认同。"校军的胜利，亦即政工的胜利"，政工的作用，体现在"宣传之普遍深入""民运之卓著成效""情报之灵通正确"，"而党代表之身先士卒，奋不顾身，尤能激发士气，争取胜利"。①

黄埔军的卓越表现，引起国民党中央的重视。1925年4月，廖仲恺提请国民党中央将教导第一、二两团组成"党军第一旅"，以教导第一团团长何应钦为旅长。蒋介石曾私下认为廖仲恺此举乃"有意防范撤我兵权"，但党军设"司令官"，蒋介石为之。② 党军扩大，军校政治部也随之扩大组织，分设前后方政治部。"随军作战者称前方政治部，以周恩来为主任，留校教育者称后方政治部，以包惠僧为主任。"紧接着，以党军并非军校，学校政治部自然不能统辖其政工，乃改前方政治部为"党军政治部"，仍以周恩来为主任。"至此军队政工始脱离军校政工而独立。"③ 共产党员主持

---

① 《国军政工史稿》（上），第150—151页。
② 蒋介石日记，1925年5月10日，美国斯坦福大学胡佛研究所藏，下同；《蒋介石年谱（1887—1926）》，第303、312页。
③ 《国军政工史稿》（上），第153页。

黄埔军校和党军的政治工作，清晰地表明，国民革命军孕育的过程之中，中共即有相当大的贡献。

黄埔军东征过程中，在兴宁发现滇军杨希闵部、桂军刘震寰部与陈炯明勾结的证据，并发现刘、杨与段祺瑞、唐继尧等暗通款曲。乃在 1925 年 6 月以主力回师，迅速击溃刘、杨部 6 万余人而缴械之，再次获得巨大胜利。① 广州终于成为国民党人控制下稳固的根据地。

在此背景下，1925 年 6 月 15 日，国民党中央执行委员会全体大会决议：（1）改组原"大元帅府"为国民政府；（2）取消各地方军名义，统一改称"国民革命军"；（3）成立军事委员会，统辖各军，谋军令政令统一。7 月 3 日，军事委员会成立，委员 8 人：蒋介石、廖仲恺、汪精卫、朱培德、胡汉民、谭延闿、伍朝枢、许崇智，以汪精卫为主席。② 关于军队的名称，曾有"国民军"、"革命军"和"国民革命军"三种提议，终以"国民革命军"定议。③ 随后，因应

① 《国军政工史稿》（上），第 152—153 页。
② 《蒋介石年谱（1887—1926）》，第 340 页。
③ 《国军政工史稿》（上），第 157 页。

形势，进入实际编组阶段，至 8 月获得具体成果。

国民革命军第一军由党军改编，军长蒋介石，副军长何应钦；第二军由湘军改编，军长谭延闿，副军长鲁涤平；第三军由滇军改编，军长朱培德；第四军由粤军改编，军长李济深。此为初编成之国民革命军。后以李福林的"福军"为第五军，李为军长；以援鄂军、豫军、山陕军、赣军等零星部队，加上吴铁城的一个师，编为第六军，以援鄂军总司令程潜为军长。国民革命军乃得有 6 军之众，后设"总监"统领之，蒋介石为总监。① 1926 年春，新桂系李宗仁等部编为第七军，湖南唐生智部编为第八军。此为北伐正式开始前的国民革命军基本阵容。

按照苏联顾问加伦等人的意见，国民革命军的三三制编制方案得以确定：每师 3 团，9 个营，27 个步兵连。每连士兵 99 人，勤务兵 9 人，共 108 人。

每团另配属机枪连（10 人）、侦察连（11 人）、技术连（通讯兵和工兵 12 人）、卫生连（13 人）、后

① 《国民革命军之编成》，文公直：《最近三十年中国军事史》，沈云龙主编《近代中国史料丛刊》第 64 辑，台北，文海出版社，1971，第 445—446 页。

勤连（14 人）和补充连（15 人），这样，每团 15 个连。

每师另设警卫营、炮兵营、通讯连、工兵连、供给连、补充营和若干其他兵种小分队。

每师共有 5500 人，其中士兵 4100 人、特殊技术兵种 450 人、后勤 850 人，其余为参谋人员。独立旅下辖两个团，共有 3200 人，士兵与后勤人员的人数比例与师相同。[①]

国民革命军组建的过程中，共产国际对中国共产党开展军事工作给予了详细的指示，提出了组建革命军队、游击队和战斗队的任务：

考虑到国民党的社会和政治性质，共产党（中央委员会和地方委员会）应当（坚定地、但又必须非常谨慎地）争取做到，使共产党（中央、地区、省和地方的）军事部的领导人一定成为相应的国民党军事部的首脑，只有在因局势不可能这样做的情况下才把不是来自军事部工作人

---

① 〔苏〕А. И. 卡尔图诺娃：《加伦在中国（1924—1927）》，第 208—209 页。

员中的可靠共产党员或者在政治上经受过特别严峻的考验并在国民党左派的工作中同我们有联系的人推荐为国民党军事部的首脑。

为了秘密工作和避免同国民党不必要的摩擦，共产党的所有军事工作人员在形式上一般都应按国民党的组织系统调动（在个别情况下隐瞒自己的共产党身份）。共产党军事部的工作同国民党有关部的协调应当通过国民党军事部机关党的工作人员来实现。共产党和国民党的一般军事工作问题的协调一般应当通过两党的日常联系和相互关系进行。①

指示的精神，在共产党员大批担任国民革命军尤其政工系统要职的背景下，具有特别现实又影响深远的意义。

---

① 《共产国际执委会东方部关于中国共产党军事工作的指示草案》（早于 1925 年 8 月 21 日），《联共（布）、共产国际与中国国民革命运动（1920—1925）》，第 658—659 页。

十一 黄埔军的狂飙突进

黄埔军校建立后，广东形势瞬息万变，政治、军事、人事各方面的新陈代谢，在联俄与国共合作的背景下，加速进行。而军事斗争是各种矛盾爆发后真正解决问题的基础，也是把广东建设为国民革命大本营、根据地的前提。

广州商团成立于辛亥年间，本为保境安民之设置，其后日渐扩大，至1924年间，已经扩充至1.3万人左右，成为广州一股重要的力量，汇丰银行买办陈廉伯总其事。多年间，商团在各派争斗中持中立立场。即至此时，广州驻军众多，财政紧张，挹注困难。尤以刘震寰、杨希闵部"假借革命旗帜，横征暴敛，商民不堪其苦，迁怒于政府"，乃"密组中国反动党，托言商民自卫"，向香港德商"顺全隆洋行"订得大批枪械，8月4日向广州政府军政部领得护照，过了4天，即以货轮"哈辅"悬挪威旗入口，被孙中山知悉，即令大本营副官邓彦华和蒋介石率"江固"舰前往缉拿。①

8月10日，"江固""永丰"两舰将军火船拿获。后押至黄埔军校门外，经检查，确为陈廉伯以商团名义购运的军火。按陈廉伯等自承，内共有步枪4850支，子弹115万发；驳壳枪4331支，子弹206万发；大小手枪660支，子弹16.42万发。② 数量巨大不说，而背景尤深。事发之时，商团即酝酿总罢市，并威胁"万一激成意外，固非职团之力所能制止"。③ 北京政府也介入其中，不仅称广州方面为"伪军政部"，还由外交部"向驻京那〔挪〕威使馆交涉，转令该那

---

① 《蒋介石年谱（1887—1926）》，第201—202页。而按杨希闵呈报孙中山，广州商团激发与其所部滇军矛盾，有"陈逆炯明极力运动商团，意图在省捣乱"的背景。见《大元帅关于认真查究广州商团枪杀戍卫司令部排长蔡海清等指令》（1924年2月8日），《中华民国史档案资料汇编》第4辑（2），第769页。

② 《陈廉伯等致内政部呈》（1924年8月11日），《中华民国史档案资料汇编》第4辑（2），第770页。按此文件，军火系向"南利洋行"订购。

③ 《粤省商团军要求发还购械致大本营内政部等电》（1924年8月24日），《中华民国史档案资料汇编》第4辑（2），第776页。

［挪］威船，勿得将此项军械交付；并请驻京英、美、法、义、日本各国公使转行驻粤领团，暂将该械等起存沙面"。① 至于当事人主角之一的蒋介石，明确对黄埔军校学生说，这批军火"乃是本党的军械"。②

8月23日，商团提出解决事件的三条件：无条件发还扣留的军械；准许商团成立联防总部；取消对陈廉伯的通缉。孙中山未予理睬，商团即在25日发动总罢市。③ 29日，经范石生、廖行超调解，双方订立妥协条件：陈廉伯通电谢罪；省署撤销对陈廉伯、陈恭受的通缉令；商团报效政府50万；政府发还枪械；政府撤退新驻市区军队。④ 事件发酵过程中，黄埔军校谋成立教导团。孙中山一面令将所缴军械分发朱培德等各部，一面再次布置北伐，"另谋生路"。他告知蒋介石，广东为死地，原因有三：其一，"英国之压迫"，罢市再延续下去，英国将对付大本营、"永丰"舰、黄埔三处，"数十分钟便可粉碎"；其二，东江敌

---

① 《北京外交部致大总统府军事处函》（1924年9月3日），《中华民国史档案资料汇编》第4辑（2），第774页。
② 《蒋介石年谱（1887—1926）》，第205页。
③ 《蒋介石年谱（1887—1926）》，第206页。
④ 《蒋介石年谱（1887—1926）》，第207页。

人之反攻，"鹿死谁手，殊难逆料"；其三，"客军贪横，造出种种罪孽"。他提出，"现在之生路，即以北伐为最善"。① 9 月 12 日，孙中山移大本营于韶关。对孙中山的态度转变，中共洞若观火。陈独秀向共产国际提出：

> 关于广东商团问题，孙中山和中派（只有共产党人代表国民党中的左派）一开始决定用武力来镇压这些商人和帝国主义者为代表的反动派，但后来，当商团同滇军和国民党右派联合（特别是外交使团）向他和中派施加压力时，一方面他们知道，他们无力镇压反动势力，另一方面由于直隶与江苏开战，他们改变了最初计划，决定开始进行北伐，并任命孙为总司令。现在孙已去韶关。所有这些情况导致放弃了对商团的镇压计划。②

---

① 《复蒋中正函》（1924 年 9 月 9 日），《孙中山全集》第 11 卷，第 32 页。
② 《陈独秀给共产国际远东部的信》（1924 年 10 月 10 日），《联共（布）、共产国际与中国国民革命运动（1920—1925）》，第 538 页。

孙中山是矛盾的。离开广州之际，他认为"商团已就范围"，军械"当先发还商团"，并以可得百万"出发费"，令蒋介石发还枪械。[①] 另一方面，他痛斥英帝国主义为商团"叛乱"的指挥者，因为国民党政府"实今日中国唯一之革命团体，反抗反革命运动之中心势力"。他号召说："吾人前此革命之口号曰：'排满'，至今日吾人之口号，则改为'推翻帝国主义者之干涉，以排除革命成功之最大障碍'。"[②] 10 月 7 日，苏俄军舰运送军械抵达黄埔，9 日，孙中山即手谕将这批军械运往韶关。[③] 如前所述，蒋介石决意死守黄埔。而当天，孙中山应李福林之请，又有令发还军械之电。[④] 10 月 10日，蒋介石电告孙中山已经将商团军械交李福林发还，子弹则等其缴足 20 万再发。而当天孙中山通电广州各要人，以商团"叛迹显露，万难再事姑息"，并成立革

---

① 《孙文取消发给范石生枪枝令》（1924 年 9 月 12 日），《中华民国史档案资料汇编》第 4 辑（2），第 781 页；《蒋介石年谱（1887—1926）》，第 207 页。

② 《东三省民报登载孙中山抗议外人干涉内政电》（1924 年 9 月22 日），《中华民国史档案资料汇编》第 4 辑（2），第 784—785 页。

③ 《蒋介石年谱（1887—1926）》，第 217 页。

④ 《蒋介石年谱（1887—1926）》，第 218 页。

命军事委员会，亲任会长。① 10 月 11 日，孙中山令许崇智、廖仲恺、汪精卫、蒋介石、陈友仁、谭平山为革命委员会全权委员，并得以会长名义打消商团罢市、收回关余，同时又令蒋介石收束黄埔，专力北伐。而俄国武器，"一枝不可分散"，全部运往韶关。② 10 月 14 日，胡汉民电请孙中山以杨希闵为戒严总司令，并令解散商团，各军分街把守；令警卫军、工团军、农民自卫队、飞机队、甲车队、兵工厂卫队、陆军讲武学校、滇军干部学校学生等均归蒋介石指挥。③ 商团则群起出动，双方发生交火。经 14 日、15 日两日激战，10 月 16 日，商团副团长陈恭受乞和，商团事件告一段落。黄埔军校用所缴获商团军械，又"成立了一个教导团"。④

"商团军（'纸老虎'）在广州酝酿叛乱反对孙中山政府时，在南方谁人不知，商团军司令部既同香港

---

① 《蒋介石年谱（1887—1926）》，第 220 页。

② 《蒋介石年谱（1887—1926）》，第 221 页。

③ 《孙文着用革命委员会会长名义打消商团罢市和收回关余令》（1924 年 10 月 11 日），《中华民国史档案资料汇编》第 4 辑（2），第 791 页；《蒋介石年谱（1887—1926）》，第 223 页。

④ 蒋介石：《平定商团经过》，《黄埔军校史料（1924—1927）》，第 241 页。因教导第一团已经在 9 月间成立，并有苏俄军械，此处当指教导第二团。

的英国人有联系，也同陈炯明有联系。"① 自叛乱以来，陈炯明部一直对广州政权形成严重威胁，在解决商团这个肘腋之患后，广州方面集中力量发动了东征。

1925年1月30日，蒋介石举行东征军总指挥就职仪式，讲明讨贼责任：滇军任左翼，由河源、老隆趋兴宁、五华，对付林虎所部；桂军任中路，围攻惠州；黄埔军计划与粤军一起，担任右翼，沿广九铁路，攻击淡水、平山、海陆丰，趋潮汕，攻击洪兆麟。② 第二天，蒋介石召集两教导团及入伍生，在黄埔军校大操场誓师。③ 东征部队，以黄埔军为先锋。2月2日，黄埔东征队组成，以教导团和炮兵营为主力，工兵队、辎重队、步兵一二三队为总预备队，另有政治宣传队一队。④ 也有人称这些部队为"校军"，"所谓校军，实系军校在动员作战中之别称"。⑤ 顾问加伦将

---

① 〔苏〕维经斯基：《国民党军队战胜陈炯明的意义》（1925年3月10日），《共产国际、联共（布）与中国革命文献资料选辑（1917—1925）》，第626页。

② 蒋介石日记，1925年1月30日；《第一次东征记略》（1925年2—6月），《中华民国史档案资料汇编》第4辑（2），第819页；《蒋介石年谱（1887—1926）》，第267页。

③ 蒋介石日记，1925年1月31日。

④ 《蒋介石年谱（1887—1926）》，第268页。

⑤ 《国军政工史稿》（上），第153页。

军随军指导。

2月6日，粤军占领东莞、石龙，至10日，肃清广九路，而中路、左路未动。[①] 2月14日，黄埔军与粤军张民达师、许济旅追击至淡水。下午6时，蒋介石发表攻击命令，但敌守军交叉射击，教导团顿挫。夜11时，蒋命令组织"奋勇队"7组，每组15人，配备攻城梯，决心在敌援军抵达前攻陷淡水。15日拂晓，教导团第一团何应钦等敌前指挥，掌旗手奋勇冲锋，首登城门。第二团和粤军随之亦攻入城中。15日上午，敌援军赶到，许济第七旅弹药耗尽，被迫退却，但教导团和粤军攻击敌军右翼，敌7000余众溃逃。[②] 在淡水，教导团俘虏2000余人，缴枪1000多支，获得孙中山嘉奖。第一营营长沈应时作战英勇，升任第二团团长，第二团七连连长孙良则因退却被枪毙。[③]

2月20日，东征军与洪兆麟、叶举等在羊塘围再度激战。蒋介石以粤军为右翼队，第十六团为右侧支

---

① 《第一次东征记略》（1925年2—6月），《中华民国史档案资料汇编》第4辑（2），第819页。
② 《第一次东征记略》（1925年2—6月），《中华民国史档案资料汇编》第4辑（2），第820—824页。
③ 《蒋介石年谱（1887—1926）》，第274—276页。

队；以教导团为左翼队，第十五团为左侧支队，图歼敌于平山。洪兆麟作战，"惯用冲锋队"，教导团将其冲锋队副营长1人、连长1人、士兵六七人同时击毙，"冲锋队遂退"，其左翼崩溃。右翼粤军等亦将敌击溃。"自此以后，则已胆寒，失其战斗力矣。"①

东征军追击敌军，粤军在三多祝击溃敌军有限抵抗，攻克海丰，与教导团会师。随即在鲤湖击败敌军，克复潮汕。2月26日，陈炯明由汕尾逃香港。

3月13日，发生棉湖之战。前一日，林虎来攻，蒋介石以教导团和第七旅对付之，以粤军第二师留驻潮汕，防备洪、叶残敌。教导第一团负责攻击河左敌军，在和顺附近与敌王定华部六七千人遭遇，第一营先受巨创，官兵伤亡，武器亦被缴去若干，何应钦令第二营刘峙率部白刃冲锋，炮兵亦连续命中，乃夺回曾塘。第二营乃得加强左翼，学生连长曹石泉亦率部加入左翼，对峙到天黑，因陈铭枢、吴铁城两旅堵住河婆圩，敌军退却。

右翼同时被攻击，但第七旅午前赶到，增援了第

---

① 《第一次东征记略》（1925年2—6月），《中华民国史档案资料汇编》第4辑（2），第824—825页。

三营，一时稳住。随即，第三营和第七旅攻击敌军至和顺村，敌军以总预备队反击，第三营党代表章琰、副营长杨厚卿及连排长多人阵亡，营长蒋鼎文受伤。敌军攻击至教导团团部五六百米处，何应钦故布疑兵，而钱大钧、刘尧宸率第二团终于攻击前来，直扑和顺敌司令部，敌军向五径富、河婆方向逃遁。教导第一团以千余兵力当敌万余，伤亡四五百人。[1] 棉湖战斗，得到苏联顾问加伦的高度评价，他说："棉湖一战的成绩，不独在中国所少见，即世界上亦是少有的。""这样好的军队，这样好的官长，将来革命可以成功！"[2]

3月18日，教导第一团袭夺五华。20日，粤军陈铭枢旅和教导第二团得兴宁，林虎"仅以身免"，逃往赣南。第一次东征取得巨大成功。

第一次东征后不久，刘震寰、杨希闵行迹败露。代理大元帅胡汉民发表通电称：东征之中，刘震寰桂军、杨希闵滇军"观望不战"。东征军在兴宁缴获杨

---

[1] 《第一次东征记略》（1925年2—6月），《中华民国史档案资料汇编》第4辑（2），第826—830页。

[2] 《嘉伦将军对教导团全体官兵演说》（1925年3月16日），《黄埔军校史料（1924—1927）》，第162页。

希闵密电后，"始尽悉其勾结奸谋"。刘震寰亲自去云南纳款于唐继尧，"引兵入桂，以为图粤之张本"；杨希闵潜赴香港，"与北京密使共谋颠覆革命政府"。行动自由，不听政府；捏造谣言，蛊惑人心。"六月四日遂公然占领广东省长公署、财政部等机关，反形尽揭。"①

鉴于刘、杨军种种反迹，"廖仲恺及党中同志，乃力持旋师之议"。党军和粤军乃于6月1日由潮汕出动，于11日抵达龙眼洞附近。与此同时，广州政府运动各工团罢工、商界罢市，"钳制逆军运输及给养"；并令湘军及朱培德部在北江扼要布防，切断刘、杨与北军的联络。

刘震寰乃调所部驻新街；杨希闵部滇军集中广州东北郊区及龙眼洞，图谋抵抗。回师部队与黄埔联络后，以主力由龙眼洞进击白云山；黄埔入伍生由赤冈塔、猎德渡河，向东山进攻；舰队则炮击石牌、猎德附近敌军阵地。战斗中，陈铭枢部料敌机先，蒋介石誉其"实为粤中第一将领也"。而新式炮兵威力惊人，

---

① 《胡汉民关于严重处分叛军杨希闵刘震寰部通电》（1925年6月7日），《中华民国史档案资料汇编》第4辑（2），第846页。

赤冈塔附近为野炮所击杀者，"约有数百名"。[1] 11日午，回师军占领龙眼洞。12日，滇军指挥赵成梁被炮击毙，滇军遂溃退石井一带；刘震寰部被击溃后，亦退往石井，于是一同缴械。"为时不过两日，数万逆军，三年虎踞羊城，雄视一切，至是一扫而荡除之矣。"[2]

战斗中，黄埔军亦不断壮大。6月16日，蒋介石委任何应钦为师长，并以俘虏滇桂军士兵编成黄埔第四团，刘尧宸为团长。[3]

---

① 蒋介石日记，1925年6月12日。
② 讨伐刘、杨经过，见《第一次东征记略》（1925年2—6月），《中华民国史档案资料汇编》第4辑（2），第835—836页。
③ 蒋介石日记，1925年6月16日、22日。

十二　从国民政府成立到两广统一

　　孙中山在酝酿改组国民党、进行关余斗争时，感于英国方面视之为地方政权，讨论成立正式政府以应对之。他提出，护法名义已不宜援用，"目前政府地位，外交团常视同一地方政府，外交上极受影响"。讨论中，李烈钧建议新政府叫"建国政府"，刘震寰建议成立"国民政府"，杨沧白建议叫"建设政府"。经多数表决，定为"建国政府"。① 孙中山将此事视为1924年开始的三件大事之一，"希望千万年后"，以此日为"大纪念日"。② 当晚，孙中山召集各方反直人士会议，决定当年2月1日组织建国政府，以孙中山为

---

① 《在大本营军政会议的发言》（1924年1月4日），《孙中山全集》第9卷，第10—11页。
② 《在帅府欢宴各军政长官的演说》（1924年1月4日），《孙中山全集》第9卷，第12页。

"元首"。后因担心与张作霖、段祺瑞的合作反直，终告搁置。①

其时，国民党一大的召开已在弦上，苏俄的影响日益扩大。1924年1月23日，孙中山感于党内"老同志"压力，突然向鲍罗廷提出，是否取消宣言，代之以为"全国政府"起草的纲领。鲍罗廷坚决反对，他认为孙中山的纲领"根本没有触及中国目前的形势，也没有指出摆脱这种局面的任何出路，而是充满了令人难以置信的空想"。"正是宣言，而不是孙的纲领，将成为以真正革命的国民党为首的中国国民革命运动的基础。"最后，孙中山"为了把他的纲领也印出来，作出了对宣言有利的决定"。② 这一纲领，就是《国民政府建国大纲》。

《国民政府建国大纲》的三民五权构想，未必像鲍罗廷所贬低的那样价值甚微，因为揆诸后来的历史，它是经过实践操作的顶层设计，在中国和世界历史上自有其价值。但在提出的当时，广州政府危机四伏，

① 桑兵主编《孙中山史事编年》第10卷，1924年1月4日条，第5066—5067页。
② 《鲍罗廷的札记和通报（摘录）》，《联共（布）、共产国际与中国国民革命运动（1920—1925）》，第471—473页。

198

并无现实的可能。

经过镇压商团叛乱、第一次东征和平定刘杨，广东局势大为改善。1925 年 6 月 15 日，国民党中央决议组织国民政府。6 月 21 日，蒋介石与粤军司令许崇智这两位国民党内掌握军队的实力派讨论政府人选，蒋"力辞加入政府，以为政府直接指挥者，不宜加入政府委员之内"。"惟军事委员会则不能辞也。"①

政府酝酿之时，6 月 23 日，发生"沙基惨案"。当时，广州各界为声援五卅事件，举行 6 万余人规模的大游行，教导团官兵多有参加。行至沙基附近，英兵扫射游行队伍，死伤 500 余人，其中教导第一团第三营营长曹石泉等 20 多名黄埔党军官兵牺牲。蒋介石在日记中痛呼："国势至此，不以华人之性命为事，任其英贼帝国主义所惨杀，闻之心肠为断，几不知如何为人矣。"天地含悲，"天色顿呈不可思议之红灰色及黯淡色"。自此以后，蒋介石在日记中将英帝国主义称为"阴番""阴逆"，立志报仇雪恨。②

---

① 蒋介石日记，1925 年 6 月 21 日；《蒋介石年谱（1887—1926）》，第 336 页。
② 蒋介石日记，1925 年 6 月 23 日。

1925 年 6 月 24 日，"大本营总参议代行大元帅职权"胡汉民发表通电，表示接受国民党中央执行委员会关于政府改组的决议案。决议案称"以诚实坚挚之决心，接受遗嘱，继续努力"。对于政府改组，"决定采用合议制，以期收集思广益之效"。（1）设置国民政府，"掌理关于全国之政务"。以委员若干组织会议，并于委员中推定常务委员 5 人，处理日常政务。设置军事、外交、财政各部，各部长以委员兼任之，将来如需添设，以委员会决议之。（2）设置军事委员会，"掌理全国军务"，以委员组织之，于委员会中推定 1 人为主席。军事命令由主席及军事部长署名。军事委员会内，设军需等处。（3）设置监察部，监察政府各级机关官吏之行动，考核款项之收支。（4）设置惩吏院，惩治官吏之贪污不法，及不服从政府者。（5）设置省政府，分内政、外交、财政等厅，厅长联席会议推定主席 1 人。（6）设置市政委员会，在"现代职业团体"农会、工会、商会、教育、自由职业等六种团体中，各委任 3 人，合计 18 人为委员（现在委任，将来选举），组织市政委员会，任命委员长 1 人为市政委员会主席。下设财政、工务、公安、教育、卫生等五局。而以委员 18 人，分六种委员会，以监察之。①

沙基惨案的阴云之下，1925 年 7 月 1 日，国民政府成立。按苏式制度，采合议制，委员 16 人为：汪精卫、胡汉民、张人杰、谭延闿、许崇智、于右任、张继、徐谦、林森、廖仲恺、戴季陶、伍朝枢、古应芬、朱培德、孙科、程潜；常务委员为：汪精卫、胡汉民、谭延闿、许崇智、林森（后胡汉民出洋，许崇智去沪，改伍朝枢、古应芬为常务委员）；汪精卫为主席。② 同一天，发表《中华民国革命政府宣言》。宣言称，接受先大元帅之遗嘱，继续国民革命，"国民革命之最大目的，在致中国于独立、平等、自由，故其最先着手即在废除不平等条约"。国民党将从帝国主义及依附于帝国主义的军阀手中收回主权，召开国民会议，还之国民。它指出，沙基惨案为帝国主义企图扼杀国民革命"方新之气"的证据，故国民党在 22—28 日发表了立即废除不平等条约的宣言。它表示：

① 《胡汉民宣布施行政府改组决议案电》（1925 年 6 月 24 日），《中华民国史档案资料汇编》第 4 辑（1），第 35—36 页。
② 《国军政工史稿》（上），第 157 页。

"最近东江及近郊两役，肘腋之患稍得清除，决当乘此时会，以从事于政治、军事之整理。"[1] 宣言点出了前此一系列事件与国民政府成立的关系。

当天，蒋介石草成"军政意见书"，并致函军事委员会各委员，认为"近见英人暴戾，更不能不准备实力与之决一死战"，并建议在军委会中设立"备战专门委员会"。[2] 7月3日，国民政府军事委员会成立。

紧张之中，1925年8月20日，黄埔军校党代表廖仲恺在国民党中央执行委员会门前遇刺。当天下午，国民党中央任命汪精卫、许崇智和蒋介石组织"特别委员会"，授予其"政治、军事及警察权"，以应对时局。[3] 鲍罗廷和苏联顾问罗加乔夫参加会议。[4] 中共中央第二天发布的唁文指出，廖仲恺"正死在国民政府努力与英国帝国主义奋斗的时候"，"帝国主义者和反革命派的互相勾结而实行刺杀国民革命领袖的阴谋，实在再也用不着什么别的证据，已经明了到极点的

<hr>

① 《中华民国国民政府宣言稿》（1925年7月1日），《中华民国史档案资料汇编》第4辑（1），第36—38页。
② 《蒋介石年谱（1887—1926）》，第339—340页。
③ 蒋介石日记，1925年8月20日。
④ 〔苏〕亚·伊·切列潘诺夫：《中国国民革命军的北伐——一个驻华军事顾问的札记》，第263页。

了"。激励国民党"用果决奋勇的精神扑灭反革命派，努力与帝国主义者奋斗，巩固国民革命的势力"。[1]

蒋介石也判断其为"阴逆走狗所害"。8月24日，决定缉拿嫌疑犯胡毅（生）、林直勉、林树巍、赵士觐等人。25日，抓获林直勉、张国桢，其余逃遁，但在粤军总部扣留梁鸿楷、招桂章等人，"发现英逆谋害政府以梁鸿楷为总司令，魏邦平为省长之大阴谋"，即宣布戒严，缉拿魏邦平，并开军事会议，解散梁鸿楷等部。[2] 8月26日，军事委员会决议编组国民革命军，党军改组为第一军，蒋介石为军长。[3] 下辖2师，何应钦为第一师师长，王懋功为第二师师长。其余4个军，如前所述。后周恩来担任第一军政治部主任。9月1日，廖仲恺送葬仪式在国民党中央党部举行，参加送殡的有工人、农民、黄埔官兵等20余万人，在广州前所未有。[4] 当天，鲍罗廷、汪精卫、蒋介石等商定三事：（1）财政问题用委员制，共同监督，强制交

① 《中国共产党为廖仲恺遇刺唁国民党》，《向导》第127期，1925年8月，第1159页。
② 蒋介石日记，1925年8月24日、25日。
③ 《蒋介石年谱（1887—1926）》，第363页。
④ 〔苏〕亚·伊·切列潘诺夫：《中国国民革命军的北伐——一个驻华军事顾问的札记》，第262页。

财政部，"否则以武力讨伐之"；（2）出兵东江（因陈炯明残余势力反攻，粤军节节后退）；（3）胡汉民问题（因涉及其弟胡毅生），决定其出洋，后决定赴苏俄。①

廖仲恺案促使国民政府以更令人眼花缭乱的速度和场景进行重组。廖遇刺后，军政部长、粤军总司令、财政监督许崇智带领其主力回到广州，参加了至关重要的汪、许、蒋三人小组，并被任命为拟议进行的第二次东征的总指挥。但他被广州方面认为"与右派分子彻底同流合污了"，而广州军事实力的对比发生了对其不利的变化：粤军第一军梁鸿楷部因涉及廖仲恺案被解散，李济深部第四军"不承认他"，更关键的，"蒋介石的第一军和黄埔军校的威信和影响无可估计地增强了"。据蒋本人9月8日在黄埔的演讲，其时，"党校与党军，合计约一万三千人"。② 这支新式军队的战斗力令人敬畏。而许崇智"以万五千人而占九十万至一百万之饷，使各友军衣食无着"，汪精卫、李

---

① 蒋介石日记，1925年9月1日、5日；并见《蒋介石年谱（1887—1926）》，第365页。
② 《蒋介石年谱（1887—1926）》，第370页。

济深等深表不满。① 9 月 18 日，军事委员会命蒋以广州卫戍司令"全权处置粤局"。当晚，黄埔第一师围住许崇智私人住所。② 9 月 19 日，蒋介石以黄埔军和粤军第四师，"解决反革命各军"，并致函许崇智，指责其把持财税、中饱私囊、遏止东征、破坏革命，且与廖仲恺案关系牵连，要求其"暂离粤境"。③ 9 月 20 日，国民党中央政治委员会讨论许崇智事，许虽挣扎，终被决定"准其赴沪养疴"。当晚，许崇智在陈铭枢"护送"下离粤。④ 第一军随即解除粤军最精锐的第二师和第六旅的武装；粤军第四师的许崇智系军官被驱逐，包括师长许济，部队则作为第三师编入第一军，⑤ 谭曙卿为第三师师长。9 月 23 日，国民政府公告对廖案各犯的处置。28 日，蒋介石被任命为东征总指挥。廖案以许案作结，系蒋介石崛起于国民党的一大要点。

---

① 蒋介石日记，1925 年 9 月 17 日。
② 《蒋介石年谱（1887—1926）》，第 376 页。
③ 《蒋介石年谱（1887—1926）》，第 377—379 页。
④ 蒋介石日记，1925 年 9 月 17 日；《蒋介石年谱（1887—1926）》，第 379 页。
⑤ 关于许崇智案的前后，除注明者外，见〔苏〕亚·伊·切列潘诺夫《中国国民革命军的北伐——一个驻华军事顾问的札记》，第 267 页。

第二次东征开始之前，敌军环伺广州国民政府：陈炯明旧部林虎、洪兆麟等卷土重来，席卷粤东，约有 3 万人；惠州杨坤如部二三千人，莫雄余部数百人；北江熊克武部万余人；广南八属邓本殷部数千人。但东征军阵容亦很壮观：何应钦为第一纵队长，李济深为第二纵队长，程潜为第三纵队长。9 月 28 日，蒋介石下达出发令，第一军分三批开拔。而第一军党代表阵容为：第一军党代表为汪精卫；周恩来为第一师党代表，贺衷寒为其第一团党代表，金佛庄为第二团党代表，包惠僧为第三团党代表；徐坚为第二师第四团党代表，严凤〔奉〕仪为第五团党代表；蒋先云为第三师第七团党代表，张际春为第八团党代表，王逸常为第九团党代表。① 共产党员在第一军政工系统中占据了显著位置。

出发之际，蒋介石得朱培德之助，将与陈炯明暗通的熊克武、余济唐诱捕。熊曾为四川督军，国民党中央委员，率部来粤就食。② 广州得以排除隐患。

---

① 《蒋介石年谱（1887—1926）》，第 381—382 页；《国军政工史稿》（上），第 158—159 页。

② 蒋介石日记，1925 年 10 月 3 日；《蒋介石年谱（1887—1926）》，第 384 页。

惠州为粤东名城，为东征第一目标。攻击各军均有苏联军事顾问：蒋介石的顾问为罗加乔夫，第四军顾问为萨赫诺夫斯基，三水部队顾问什涅伊杰尔，吴铁城部顾问捷斯连科，程潜部顾问康奇茨，另有切列潘诺夫、帕纽科夫、舍瓦尔金等。[①] 1925 年 10 月 9 日，蒋介石发布攻击令。13 日上午 9 时半，攻击各军完全占领阵地，野炮兵轰击惠州，飞机亦空投助战，但刘尧宸等攻击顿挫阵亡。蒋介石、何应钦与苏联顾问连夜筹划，14 日中午再兴攻势，当日下午攻入惠州。[②] 苏联顾问认为，"惠州要塞实际上是共产党人拿下的，他们的意志比攻不破的城墙还要坚硬"。[③]

惠州既下，东征军扑向华阳。10 月 25—29 日，第一军第三师"抗敌万余之众，酣战竟日，不为不勇"。与此同时，第三纵队在程潜指挥下，攻向河源，22 日攻击得手，但 24 日又为敌军夺去，得到子

① 〔苏〕亚·伊·切列潘诺夫：《中国国民革命军的北伐——一个驻华军事顾问的札记》，第 268—269 页。
② 《第二次东征记略》（1925 年 9—11 月），《中华民国史档案资料汇编》第 4 辑（2），第 859—867 页。
③ 〔苏〕亚·伊·切列潘诺夫：《中国国民革命军的北伐——一个驻华军事顾问的札记》，第 287 页。

弹等支援后，卫立煌等部 28 日再下河源。10 月 30 日，第一纵队攻击前进，遇到洪兆麟等部反攻河婆，双方相持多日。接着，东征军在双头等地大量俘虏敌军。11 月 4 日，第一纵队克复汕头、潮州后，继续向闽边、赣南方向追击。同时，蒋介石以程潜等部组成左翼追击队，11 月 13 日，占领闽边永定。11 月 20 日，蒋介石下令停止追击，三纵队各驻防潮汕、澄海、揭阳、大埔、梅县、惠州等要点，总指挥部驻汕头。① 第二次东征中，政工干部宣传主义，极大地改善了军队形象，密切了军民关系，"一路人民观者如堵"，② "可知民众对于革命已觉悟，非昔日之必也"；③ 而战斗中，政工人员"争先恐后，参加敢死队"，"伤亡率最高"。④ 体现了新式军队的特色和力量所在。

第二次东征，消灭、驱逐了陈炯明的残余势力，缴获步枪 8000 余支、机关枪 50 余挺、大炮 15 门。

① 《第二次东征记略》（1925 年 9—11 月），《中华民国史档案资料汇编》第 4 辑（2），第 867—877 页。
② 蒋介石日记，1925 年 11 月 5 日。
③ 蒋介石日记，1925 年 12 月 11 日。
④ 《国军政工史稿》（上），第 164—165 页。

大势所在，中共乐观地表示，这标志着"广东省以土地疆域而论，已经统一"。[①] 南路邓本殷部，勾结魏邦平、梁鸿楷等作乱，国民政府先派陈铭枢"进剿"，后第二、三、四军相继加入，朱培德、李济深先后担任总指挥，将其扑灭。其他各路叛者，力量较弱，亦次第削平。到国民党二大召开时，已经有 8.5 万兵力，枪械 6 万余支。[②] 广州国民政府进一步得到巩固。

国民革命军、国民党和国民政府迅速发展的同时，共产国际和中国共产党为团结国民党的大多数继续进行国民革命，进行了策略的调整。1925 年 9 月 28 日，共产国际执委会"建议"中国共产党根据以下原则"立即审查"同国民党的关系：

（1）对国民党工作的领导应当非常谨慎地进行。

（2）党团不应发号施令。

---

① 《东江胜利后之广东》，《向导》第 137 期，1925 年 11 月，第 1251—1252 页。
② 《蒋介石年谱（1887—1926）》，第 451—452 页。

（3）共产党不应要求必须由自己的党员担任国家和军队的领导职位。

（4）相反，共产党应当竭力广泛吸引（未加入共产党的）国民党员而首先是左派分子参加本国民族解放斗争事业的领导工作。

（5）同时中共中央应当经常仔细地研究国民党所依靠的社会阶层中发生的各种进程和军阀中社会重新组合。①

随即发布的《中国共产党与中国国民党关系决议案》指出，反对国民党左派和共产党的势力在增长之中，共产党"应当继续与国民党合作的政策而与大多数群众接近，竭力赞助他的左派，使他进行发展革命运动的工作"，反对右派。要实现"中国共产党的政治宣传及组织之独立与扩大，尤其在广东"，"非必要时，我们的新同志不再加入国民党，不担任国民党的工作，尤其是高级党部（完全在我们势力支配之下的党部不在此限）"。决议案特别提

---

① 《共产国际执委会给中共中央的指示草案》，《联共（布）、共产国际与中国国民革命运动（1920—1925）》，第694—695页。

出了关于国民党左中右派的策略问题，"把国民党的领袖们都列到中派，这不但在理论上不正确，而且在策略上也不适当"。国民党的中派已经分化，一部分是"现在的左派"，"一部分变成了新右派"；识别国民党左派，单是论调左倾是不够的，要看行动和实际的政治主张；"与共产派亲密结合这一点，是这一时期中国民党左派之特征"。[①] 这一决议案经过维经斯基等人的讨论。当时，维经斯基提出，中共的同志犯了错误，一个是没有在广州建立"革命时期的客观形势允许建立"的党组织，一个是"过于突出他们要占有国民党机关的意图"，所以建议在中共四届二中全会上讨论陈独秀起草的上述措施。他说："我们采取的方针是，在同国民党的关系中，要从联盟转向联合。"[②]

广东政局刷新之际，广西局面也进入新阶段。先是 1921 年 5 月，孙中山就任非常大总统后，桂系陆荣廷企图卷土重来。孙中山乃决定攻桂，但陈炯

---

① 《中国共产党与中国国民党关系决议案》，《中共中央文件选集》第 1 册，第 489—490 页。

② 《维经斯基的书面报告》（1925 年 9 月 28 日），《联共（布）、共产国际与中国国民革命运动（1920—1925）》，第 692—693 页。

明反复犹豫。6月中，陆荣廷多路犯粤，陈炯明乃率叶举、许崇智、黄大伟等反攻。桂军刘震寰部响应。6月26日，粤军占领广西门户梧州。27日，孙中山正式发布讨伐陆荣廷、陈炳焜命令，要求陈炯明"扶植广西人民，使得完全自治"。① 不久，广西全境被孙中山麾下各军占领。两广统一，孙中山乃设大本营于桂林，任马君武为广西省长，陈炯明为广西善后督办，图谋北伐，惟受陈炯明掣肘，迟迟未能成行。李宗仁部即在此期间被改编，任粤桂边防军第三路司令。

1922年4月，孙中山决定从桂林改道韶关北伐，率北伐诸军回占梧州。陈炯明震动，回师广东，策划叛乱。广西又陷入混乱。李宗仁乃自为广西自治军第二路司令。黄绍竑一度为李宗仁部第三支队，后离开自谋发展。1923年，孙中山任命黄绍竑为广西讨贼军第一军总指挥，白崇禧为参谋长。1924年7月，三人在南宁成立"定桂讨贼联军总指挥部"，李为总指挥，黄为副总指挥，白为参谋长。1924年

---

① 《命陈炯明讨伐陆荣廷陈炳焜等令》（1921年6月27日），《孙中山全集》第5卷，第555页。

10 月，孙中山致电黄绍竑，要求其底定全桂后肃清余孽。[1] 其时，广西另一实力派沈鸿英经多次反复后，尚在广州方面阵营中，头衔为"广西总司令"。李、黄、沈讨论广西善后时，孙中山突然于 1924 年 11 月 5 日任命刘震寰为广西省长，[2] 李、黄、沈推李宗仁为广西善后督办，黄为会办兼省长，以为抵制。11 月下旬，黄绍竑赴广州，经与胡汉民商议，以李宗仁为"广西绥靖处"督办，黄为会办。沈鸿英无所得，乃与李、黄等决裂。李、黄得到了同为广西人的李济深的帮助，1925 年 2 月，沈宣布兵败。[3]

沈鸿英失败后，云南军阀唐继尧趁孙中山北上病重，以杨希闵、刘震寰为内应，侵入广西，占领南宁等地。孙中山病逝后，唐居然通电就任"副元帅"，

① 《孙文慰勉全桂底平协力肃清余孽致黄绍雄电》（1924 年 10 月 15 日），《中华民国史档案资料汇编》第 4 辑（2），第 887 页。黄绍竑在当时多种文献中也作"黄绍雄"。
② 《特任刘震寰职务令》（1924 年 11 月 5 日），《孙中山全集》第 11 卷，第 282 页。
③ 《沈鸿英为被李宗仁等部击退大宁一带请求解职电》（1925 年 2 月 17 日），《中华民国史档案资料汇编》第 4 辑（2），第 895 页。

扬言"贯彻主义，奠定邦家，以慰大元帅在天之灵".[①] 广州政府调驻粤滇军范石生部前往，支持李、黄堵住唐继尧。5月12日，唐继尧以副元帅名义任命刘震寰为广西军务督办兼省长。不久，东征军回师广州，解决了刘杨。7月，势孤力竭的唐继尧军回滇。[②]7月，蒋介石提出统一两广，以广西为"第二根据地"，尤其是建设计划，要"视同一体".[③] 国民政府委员会议主席汪精卫致函李、黄，推林森、李济深前往商讨六个方面问题：（1）广西省政府组织问题；（2）广西省关于党事组织、宣传诸问题；（3）广西现在军政、民政情形及其整顿办法；（4）熊（克武）军由黔经桂入粤问题；（5）范（石生）军由桂入滇问题；（6）对于北京及邻省如何应付。[④] 1925年8月，国民政府令裁撤广西总司令、广西省长，命令李宗仁、黄绍竑以"广西全省绥靖处"名义处理广西军

---

① 《唐继尧乘孙文逝世就副元帅职通电》（1925年3月19日），《中华民国史档案资料汇编》第4辑（2），第896—897页。

② 以上广西政局变化之大概，除注明者外，见李剑农《中国近百年政治史》，第452—453页。

③ 《蒋介石年谱（1887—1926）》，第347—348页。

④ 《汪兆铭等关于组织广西省政府问题函稿》（1925年7月22日），《中华民国史档案资料汇编》第4辑（2），第907页。

政、民政。① 国民政府第二次东征及讨伐邓本殷部过程中，广西派出俞作柏部参与。1925 年 11 月，李宗仁派代表赴粤报告广西政治状况。② 半年中，广西进步明显，1926 年 1 月，蒋介石在国民党二大上做军事报告时就指出，"现在广西当局，是很忠实于我们国民政府的"，其力量足以对付唐继尧。③

1926 年 2 月，国民政府设立"两广统一委员会"。1926 年 3 月，国民政府"筹议两广政治军事财政统一委员会"议决各事项，决定广西省政府在中国国民党指导监督下，处理全省政务，其省政府之组织，按国民政府颁布的省政府组织法行之，交涉员、高等审判厅等由国民政府直辖；广西军队全部改编为国民革命军八、九两军，以李宗仁、黄绍竑为军长，组织军队改组委员会，李宗仁为主席，李宗仁、黄绍竑、白崇禧等及中央特派员组成之；两广财政，受国民政府财政部指挥监督，收入统一由财政部征收，支出拟具预

① 《国民政府令李宗仁等负责广西军政令》（1925 年 8 月 6 日），《中华民国史档案资料汇编》第 4 辑（2），第 908 页。
② 《李宗仁派代表报告桂省政治状况函》（1925 年 11 月 28 日），《中华民国史档案资料汇编》第 4 辑（2），第 909 页。
③ 《蒋介石年谱（1887—1926）》，第 452 页。

算由国民政府核准，财政官吏由国民政府委任；等等。① 6月1日，黄绍竑任广西省主席。

自平定商团事件，到两广统一，一年多的时间里，国民革命的形势焕然一新。中国共产党在孙中山逝世纪念日来临之前提出："要求一个统一全国的革命的政府，这个国民政府，一定要在中国国民党指挥之下，能实行反帝国主义的职责。"① 以统一全国为目标的新北伐，提上了议事日程。

---

① 《国民政府抄送筹议两广政治军事财政统一委员会议决事项令》（1926年3月19日），《中华民国史档案资料汇编》第4辑（2），第910—912页。具体实施时，广西军队统编为国民革命军第七军。关于广西预留八、九两军番号，蒋介石认为与"倒蒋运动"阴谋有关，"中山舰事件"后，他对第一军将士分析说："现在广东统统有六军，广西有两军，广东是第一、二、三、四、五、六各军，照次序排下去，广西自然是第七、八军了，但是第七军的名称偏偏搁起来，留在后面不发表，暗示我的部下先要他离叛了我，推倒了我，然后拿第二师和第二十师编成第七军，即以第七军军长报酬我部下反叛的代价。"见《蒋介石年谱（1887—1926）》，第506页。蒋基于此判断，先发制人将第一军第二师师长王懋功革职，并称"（王懋功）狡猾恶劣，惟利是视……外人不察，思利用其以倒我，不知将来为害党国与革命至于胡底，故决心革除之"。见蒋介石日记，1926年2月26日。

① 《中央关于孙中山先生纪念日宣传大纲》（1926年2月26日），中央档案馆编《中共中央文件选集》第2册，中共中央党校出版社，1989，第49页。

十三　五卅运动与省港大罢工

联俄联共背景下的两广政治刷新之际，中国共产党领导下，工人阶级担任主力、各阶级各社会阶层联合参与的国内政治运动亦在迅猛发展，构成了与军事斗争有所区别又紧密联系的国民革命的"第二条战线"。

中国共产党对工人运动十分重视。中国共产党第一次全国代表大会"第一个决议"提出，"本党的基本任务是成立产业工会"，"党应在工会里灌输阶级斗争的精神"。成立工人学校、组织工会的目的"是教育工人，使他们在实践中去实现共产党的思想"。① 中国共产党四大指出，由于其和工人阶级天然的联系，"中国的职

---

① 《中国共产党第一个决议》，《中共中央文件选集》第1册，第6—7页。

工运动一开始便几乎完全在共产党指导之下"。①

1925 年 3 月开始，上海日商内外棉纱厂工人罢工不断，劳资矛盾日益激化。5 月 15 日，内外棉纱厂第七厂工人要求上班工作，被厂方拒绝，第八厂工人前来支援，日人竟然开枪射击，打死共产党员顾正红等 2 人，伤数人。事件发生后，李立三等即奉命赴小沙渡处理。陈独秀 5 月 16 日迅即指示：组织通电反对日本枪杀中国工人，交京沪各报发表；募捐援助上海工人；"组织宣传队向市民宣传日本帝国主义者历来欺压中国人之事实，造成排货运动"；"广州长沙等处应号召群众向日本领馆示威"。②

5 月 30 日，上海各校学生集会演讲，下午 4 时许，公共租界捕头爱活生突然对集会人群开枪射击，造成多人伤亡。③ 事后，公共租界当局举行听证会，

---

① 《对于职工运动的决议案》，《中共中央文件选集》第 1 册，第 342 页。
② 《中央通告第三十二号——援助上海日商内外棉罢工工人，发动反日运动》（1925 年 5 月 16 日），《中共中央文件选集》第 1 册，第 415—416 页。
③ 据谢文锦当时的报告，"死约八九人，伤者无数"。《中共上海地委关于抗议日人枪杀小沙渡工人讨论并议决反日示威运动各项实施办法等问题的会议录》（1925 年 5 月），上海市档案馆编《五卅运动》第 1 辑，上海人民出版社，2008，第 20 页。

确认"五月三十日的群众手无寸铁这是事实",但诬称群众有可能夺取巡捕房武器,所以不该"归咎爱活生"。[①] 是为"五卅惨案"。

6 月 1 日,上海各工会联席会议推举李立三、刘华为正副委员长,成立上海总工会,命令自 6 月 1 日起进行总罢工。当天,集合了上海工商界头面人物的上海总商会决定实施总罢市。上海中等以上学校学生 5 万多人亦于 6 月 1 日起罢课。各行各业纷纷参与,甚至公共租界华人巡捕亦实行罢岗。6 月 4 日,上海总工会、各马路商界联合会、全国学生联合总会、上海学生联合总会等组织成立上海工商学联合会,作为运动总指挥机关。6 月 5 日,中共中央明确运动的方向指出:"这次上海事变的性质既不是偶然的,更不是法律的,完全是政治的。"所以,运动"应认定废除一切不平等条约,推翻帝国主义在中国的一切特权为其主要目的"。[②]

---

① 《工部局警备委员会关于听取总巡麦高云和捕头爱活生等人陈述五卅事件经过的回忆录》(1925 年 8—12 月),《五卅运动》第 1 辑,第 535—536 页。
② 《中共中央为反抗帝国主义野蛮残暴的大屠杀告全国民众书》(1925 年 6 月 5 日),《五卅运动》第 1 辑,第 26 页。

6月7日，上海工商学联合会向工部局提出17项条件。其中，"先决条件"4项：宣布取消戒严令；撤退海军陆战队，并解除商团及巡捕之武装；所有被捕华人，一律送回；恢复公共租界被封及被占据之各学校原状。以及惩凶、赔偿、道歉、撤换工部局负责人、取消领事裁判权、"永远撤退驻沪之英日海陆军"等"正式条件"13项。[①] 上海总商会亦单独提出"撤销非常戒备"、惩凶、赔偿、道歉、优待工人、"华人在有言论、集会、出版之自由"、"撤销工部局总书记鲁和"等13项条件。[②] 五卅运动自此从经济性质的斗争发展为针对帝国主义在华权益的全面的政治斗争，并初步形成基于反帝的统一战线局面。

俄共（布）中央高层对五卅运动的战略策略提出了指导意见。6月25日，斯大林就中国问题进行报告，其中央政治局议决："（1）务必推进以抵制、局部罢工和总罢工，而特别是铁路总罢工的形式进行的革命运动，不要害怕危机加剧；（2）一定要防止发生

---

① 《上海工商学联合会宣言》（1925年6月7日），《中共中央文件选集》第1册，第648—650页。

② 《中华民国十四年六月十一日开第二次五卅委员会》，《五卅运动》第1辑，第434—435页。

杀害和殴打外国人事件，防止出现诸如'英国人、日本人和狗不得进入中国公共场所'标语之类的粗野民族主义举动，尤其不要搞大洗劫行动，要公开警告工人、小店主和知识分子，不要给外国人中的挑衅分子提供说运动具有义和团性质的口实，以使帝国主义者不便进行尖锐的武装干涉；这种警告首先应由中国共产党提出。"①

五卅运动，在国共合作的时代，自然也有国民党人的参与。恽代英就提到了汪精卫等人宣讲的作用，也提到了叶楚伧等人的合作。②

五卅运动给帝国主义很大的冲击。1925年7月以后，上海资产阶级在外国当局的威逼之下，态度松动；而奉系军人张学良态度反复，其部下上海戒严司令邢士廉查封了工商学联合会等组织。在这样的情况下，中共中央乃引导工人有条件复工，以利长期斗争。中共中央指出，"上海、香港的罢工运动引起全国解放运动的发展"，但"工人还必须有长期斗争的预备"，

---

① 《俄共（布）中央政治局会议第68号记录（摘录）》，《联共（布）、共产国际与中国国民革命运动（1920—1925）》，第636—637页。

② 《恽代英讲述：五卅运动》，《五卅运动》第1辑，第240、243页。

"工人阶级如果不顾环境孤军独进，也决不足以使帝国主义者立刻抛弃不平等的条约"。有条件复工，"是总斗争之一个段落和部分的胜利"。① 五卅运动引发的反帝运动重心转往靠近广东根据地的南方。

五卅运动发生后，中共方面立即派邓中夏、杨殷等到香港组织罢工，以支援上海方面的反帝运动。邓中夏、苏兆征等团结香港各工会，组织了"全港工团联合会"，致函港英政府，提出罢工原因和解决条件。1925 年 6 月 13 日，省港罢工委员会成立，作为最高指挥机关，对"省港罢工工人代表大会"负责。省港罢工委员会以共产党员苏兆征为委员长，以汪精卫、廖仲恺、邓中夏、杨匏安等为顾问，体现了国共合作的精神。

6 月 19 日，香港海员工会、电车工会、印务工会、洋务工会等工人首先罢工，半个月左右，香港 25 万工人投入罢工。② 中共还派李森、刘尔崧等发动沙面洋务工人罢工。他们组织了"沙面中国工人援助上

① 《中共中央、共青团中央为坚持罢工告工人兵士学生书》（1925 年 8 月 10 日），《五卅运动》第 1 辑，第 45—46 页。
② 甘田编写《省港大罢工》，通俗读物出版社，1956，第 3—5 页。

海惨案罢工委员会"，号召在广州市内为英、日、美等国做工的工人罢工，为其他国家做工的拿出5%的工资支援罢工工人。①

6月23日，国民政府酝酿成立之时，"沙基惨案"发生。当时，广州各界为声援五卅运动，举行6万余人规模的大游行，教导团官兵多有参加。行至沙基附近，英兵扫射游行队伍，死伤500余人，其中教导第一团第三营营长曹石泉等20多名黄埔党军官兵牺牲。蒋介石在日记中痛呼："国势至此，不以华人之性命为事，任其英贼帝国主义所惨杀，闻之心肠为断，几不知如何为人矣。"②

然而，省港大罢工并未因为英国的镇压而停止。国共合作，为省港大罢工持续发展提供了必要的前提。鲍罗廷说："十万人转移到广东的土地上，在那里他们好歹有国民党政府提供食宿并获得了在与帝国主义的斗争中开展对十万人进行共产主义教育的一切条件。"在16个月的斗争中，罢工工人切断了通往香港的交通线，成立了庞大的组织，"实际上控制了广东

① 甘田编写《省港大罢工》，第6—7页。
② 蒋介石日记，1925年6月23日。

的经济生活，控制了金融生活并指导了国民政府的对外政策，行使了司法和行政职能"。鲍罗廷不无夸张地表示，"国民党中央和中央政治委员会变成了罢工委员会下面的书记处"，国民政府外交部长陈友仁与英方谈判，必须先征求罢工委员会的意见。中国的工人阶级在斗争中得到了极大的教育。①

省港大罢工与巩固广东根据地的军事斗争互为表里，坚持了一年多，给英国沉重打击。据邓中夏分析，平均罢工一个月，香港进出口损失 2.1 亿元。香港臭气熏天，成为"臭港"；供应无门，沦为"饿港"；百业凋敝，成为"死港"。而罢工委员会推出"特许证"制度，规定"凡不是英货英船及经过香港者可准其直来广州"，孤立了港英当局。罢工工人则得到全国各地捐款 490 余万元的支持，并得参与中山公路修建，衣食有着，乃积极参加东征陈炯明、南伐邓本殷等事务，并组织"北伐运输队"，参与北伐战争。② 罢工工

---

① 《鲍罗廷在老布尔什维克协会会员大会上所作的〈当前中国政治经济形势〉的报告》（1927 年 10 月 23 日），《联共（布）、共产国际与中国国民革命运动（1926—1927）》（下），第 474—475 页。

② 邓中夏：《一年来省港罢工的经过》，广东哲学社会科学研究所历史研究室编《省港大罢工资料》，广东人民出版社，1980，第 54—85 页。

人在漫长的坚持中，也付出了巨大的牺牲，据罢工委员会 1926 年 7 月底的统计，881 名工人在斗争中牺牲。[①] 1926 年 10 月，罢工主动结束。

五卅运动和省港大罢工是国民革命的重要组成部分，极大地促进了中共力量的发展。1925 年初，中共四大召开时，有党员 994 人；10 月，增加到 3000 人；当年底，达到 10000 人。[②] 在战斗中成长，是中国共产党发展的真实图景。

此时，作为国民革命高潮的北伐已经启动。

---

① 《省港大罢工资料》，第 17 页。
② 《中国共产党历史》第 1 卷上册，第 134 页。

十四　北伐的启动

国民党人的"北伐"情结由来已久。孙中山在世时，1921—1922 年即在桂林、韶关组织北伐；1924 年下半年，他在商团事件的乱云之中，再次到韶关组织北伐。

倡议北伐，有身处广东、革命易为英国等列强干涉的考虑，这一点，孙中山曾多次言明；也有苏俄和苏俄控制下的外蒙古地理上位于北方的考虑，孙中山当年的"西北计划"就是明证；在冯玉祥获得苏俄垂青和支援的背景下，联合冯部，更易于直接威胁华北和北京，亦是考虑；自然，当时中国各主要军阀均在广东以北，国民革命既以打倒军阀为目的，不能不向北进军。

不惟孙中山，蒋介石对在北方革命，亦有思考。

国民政府成立后，他就提出"革命六大计划"。提到香港与商团事件、陈炯明顽抗、刘杨事变等各种牵连，蒋认为沿海、沿江、沿铁路均不足为革命根据地，"中国革命发展之途径，当由西南延长至西北"。[1]

1926年1月1日，国民党第二次全国代表大会在广州召开。1月4日，蒋在演讲中分析，"本党打倒军阀的目的必可达到"，"统一中国的，只有本党"。[2] 在二大上所做的军事报告中，他表达了与孙中山类似的担忧："香港差不多是一切省内外敌人之巢穴……是世界帝国主义压迫中国的中心点，他们种种的势力，实在可制我们政府的死命。"他也分析了当时国民革命军和黄埔军校的势力，认为"我们的政府已经确实有了力量，来向外发展了"。"本党的力量就不难统一中国。"[3] 向北发展，更易实现夺取整个中国的目标，是蒋介石的新考虑，他在与苏联顾问季山嘉讨论北方军事政治时，承认"实决心在北方得一根据地，其效亦必大于南方十倍"。[4] 在向北发展的过程中，如何处

① 《蒋介石年谱（1887—1926）》，第341—342页。
② 《蒋介石年谱（1887—1926）》，第446页。
③ 《蒋介石年谱（1887—1926）》，第447、452页。
④ 蒋介石日记，1926年1月28日。

理与苏俄的关系，蒋介石与汪精卫商议，"中国国民革命未成以前，一切实权皆不宜旁落，而与第三国际必能一致行动，但须不失自动地位也"，[①] 即在国民革命中掌握领导权。孙中山在世时，由他和国民党领导国民革命，几乎是各方一致共识，所以没有引起大的争论和斗争；在其逝世后，国民党人随着形势的发展，重新提出领导权问题，这就成为此后国民革命和国共合作的核心问题。

北伐以造成新的革命形势，得到了苏俄和共产国际几乎"排除一切障碍"式的支持。3 月 22 日，苏俄参议（按：即后文的布勃诺夫）访问蒋介石，询问刚刚发生的"中山舰事件"是对人还是对俄。蒋答以"对人"，俄参议即表"心安"，表示"今日可令季山嘉、罗茄觉夫（按：即罗加乔夫）各重要顾问离粤回国"。[②] 就"中山舰事件"发生后如何看待和应对，甫到广州几天的联共（布）中央书记、苏联红军政治部主任、苏联革命军事委员会委员 A. C. 布勃诺夫（按：化名伊万诺夫斯基，蒋介石日记中称其为"伊万诺夫

① 蒋介石日记，1926 年 3 月 8 日。
② 蒋介石日记，1926 年 3 月 22 日。

司堪")在广州顾问团全体成员大会上做了长达 6 小时的讲话，提出"中山舰事件"由三种矛盾造成：集中统一的国家政权同尚未根除的中国军阀统治陋习之间的矛盾；城市小资产阶级和工人阶级之间的矛盾；国民党左派和右派之间的矛盾。他告诫道，要防止"过火行为"，以免国民政府遭遇危机，从而危及国民革命。关于北伐问题，他说，已经与国民革命军各军军长谈过，不是是否需要进行的问题，而是何时进行北伐的"时间问题"。他说，"现在就要开始促使广州对吴佩孚采取更积极的行动"。他承认，"中山舰事件"是针对苏联顾问和中国政委的"准暴动"，但它起因于前述矛盾，而且因为苏联顾问的"大错误"而复杂化、尖锐化了，如司令部、后勤部、政治部、顾问和政委，构成了对国民党将领的"五条锁链"，还有要黄埔校长向俄国顾问报告，简直是"反革命行为"。决定撤销苏联驻华南军事顾问团团长季山嘉、副团长罗加乔夫和拉兹贡（奥尔金）的职务。①

---

① 《布勃诺夫在广州苏联顾问团全体人员大会上的报告》（1926 年 3 月 24 日），《联共（布）、共产国际与中国国民运动（1926—1927）》（上），第 162—171 页。

在随后给鲍罗廷的信中，布勃诺夫再次提出，"中山舰事件""只不过是针对俄国顾问和中国政委的小规模准暴动"。它是广州内部矛盾的产物，同时也由于他们在军事工作中"犯了一些大错误"而变得复杂激烈。这些错误包括六个方面，包括"政委有权签发每一道命令"，"俄国顾问常常把自己突出到首要地位"，等等。①

布勃诺夫使团当然有策略上的考虑，"使团决定迁就蒋介石并召回季山嘉，是将此举作为一个策略步骤，以便赢得时间和做好准备除掉这位将军"。当然，季山嘉等人的工作也被认为有失误，他们忘记自己只是顾问而不是指挥官。② 另外，苏俄以"中山舰事件"合法化来推动北伐，跟吴佩孚、张作霖联手击败苏俄已经支持多年的冯玉祥这一背景有很大的关联度，中国北方革命形势的低落需要南方的振奋。

然而，就像此前表现出来的一样，中国共产党人对待北伐有自己的思考。陈独秀在给蒋介石的公

① 《布勃诺夫给鲍罗廷的信》（1926 年 3 月 27 日），《联共（布）、共产国际与中国国民运动（1926—1927）》（上），第 186 页。
② 《索洛维约夫给加拉罕的信》（1926 年 3 月 24 日），《联共（布）、共产国际与中国国民运动（1926—1927）》（上），第 117 页。

开信中专门分析了自己反对立即北伐的过程和考量，他说：

> 关于这一问题，我和某几个同志有不同的意见，他们当然也不是根本反对北伐，他们是主张广东目前要积聚北伐的实力，不可轻于冒险尝试；我以为要乘吴佩孚势力尚未稳固时，加以打击，否则他将南伐，广东便没有积聚实力之可能，为此我曾有四电一函给先生及精卫先生，最近还有一函给先生详陈此计；两方对于北伐主张，只有缓进急进之分，对广东及先生都无恶意……①

信中可见，陈独秀对立即北伐多次发表不同意见。1926 年 7 月初，北伐已经开始，陈独秀提出，"北伐的意义，是南方的革命势力向北发展，讨伐北洋军阀的一种军事行动，而不能代表中国民族革命之全部意义"。"中国民族革命之全部意义，是各阶级革命的民众起来推翻帝国主义与军阀以自求解放；全民族经济

---

① 独秀：《给蒋介石的一封信》，《向导》第 157 期，1926 年 5 月，第 1528 页。

解放，尤其是解除一般农工平民迫切的困苦。"陈独秀认为，"现在国民政府之北伐还不是由于革命力量膨胀而向外发展，乃是因为吴佩孚进攻湖南，国民政府不得不出兵援湖南以自卫"。实际上，不应北伐，而应该是如何"防御反赤军势力之扰害广东，防御广东内部买办土豪官僚右派响应反赤"。①

形势没有按照陈独秀主张的轨迹发展。"中山舰事件"后，国民党改组以来的权力结构发生根本性巨变：此前，廖仲恺遇刺，胡汉民放洋；而这一次汪精卫选择远遁，蒋介石嘲笑说，"无怪总理平生笑其为书生"。②"三巨头"或陨或隐，蒋得以在国民党内地位迅速上升至最高层，而且有机会推行其北伐计划。1926 年 4 月 16 日，国民党中央党部与国民政府召开联席会议，推谭延闿为政治委员会主席，蒋介石为军事委员会主席。③ 蒋对第一军官兵宣称："我以为广东已经统一了，如果不能北伐，那不仅对不起总理，还对不起我们已死的同志。我们办这学校是为什么？不

---

① 独秀：《论国民政府之北伐》，《向导》第 161 期，1926 年 7 月，第 1584 页。
② 蒋介石日记，1926 年 3 月 31 日。
③ 蒋介石日记，1926 年 4 月 16 日。

是统一广东就算的，乃是要北伐，就是要统一中国。"① 其时，北伐在国民党军中颇有共识，李济深、陈铭枢等"催出兵北伐甚急"。② 蒋一面慨叹"难怪二十四史以政治人物为中心也！"③ 一面与谭延闿、朱培德、宋子文、张静江、李宗仁等频繁商议"定北伐计划"，"会议北伐计划"，"谈北伐援湘事"。④

1926年5月19日，国民党中央执行委员会选举蒋系人马张静江为中央常务委员会主席。21日，国民党中央发布关于时局的宣言，决定"接受海内外请愿北伐"。⑤

北伐既定，当有人为总司令。1926年6月3日，张静江、谭延闿等谈总司令人选，蒋"惶愧力辞"，反推谭延闿，谭自然"不允"。其余各军军长又连番劝进，"否则视为不负责任"。鲍罗廷也加入了合唱，"力说"蒋"任总司令负担首领责任"，否则他也辞任。6月4日，蒋介石被国民党中央党部和政治

① 《蒋介石年谱（1887—1926）》，第507页。
② 蒋介石日记，1926年4月29日。
③ 蒋介石日记，1926年5月9日。
④ 蒋介石日记，1926年5月11日、12日。
⑤ 《蒋介石年谱（1887—1926）》，第520页。

委员会任命为总司令。6月5日，国民政府发表。①随即，蒋与回归广州的加伦将军讨论了"总司令部组织法"。②

接下来公布的《国民革命军总司令部组织大纲》规定，国民政府特任国民革命军总司令一人，"凡国民政府下之陆海军均归其统辖"；国民革命军总司令对国民政府和中国国民党"在军事上须完全负责"；国民革命军总司令"兼任军事委员会主席"；总司令部参谋长，以军事委员会参谋长兼任，或由总司令呈请国民政府任命；总司令部设置参事厅，以参谋长、总参议、高等顾问等组织之，"参赞戎机，襄助总司令"；总司令部设置于军事委员会内，"随时进出于前方"；政治训练部、参谋部、军需部、海军局、航空局、兵工厂等，直属于总司令部；"出征动员令下后即为军事状态"，"凡国民政府所属军民财政各部机关均须受总司令之指挥，秉其意旨办理各事"；"总司令出征时，设立治安委员会，代行总司令职权，该会〈会〉受政治委员会之指挥，其议决案关于军事者，

---

① 蒋介石日记，1926年6月3日、4日、5日。
② 蒋介石日记，1926年6月8日。

交由总司令部执行之"。① 总司令职权之大，整个国民政府系统无出其右。

就在 6 月，国民革命军北伐战斗序列确定：总司令蒋介石，前敌总指挥唐生智，总参谋长李济深，行营参谋长白崇禧。下辖第一军，军长何应钦；第二军，军长谭延闿，鲁涤平代；第三军，军长朱培德；第四军，军长李济深，陈可钰代；第五军，军长李福林；第六军，军长程潜；第七军，军长李宗仁；第八军，军长唐生智；航空队，处长林伟成（由党代表张静愚指挥）；兵站，总监俞飞鹏。② 蒋介石踌躇满志，目光投向了无垠的天际。他说，会师武汉，克复北京，统一中国，"是极容易的一件事"；而且，黄埔军校中，韩国、安南等各处境外同志已经有一百多人，"我们不仅做中国的革命，并且要解放东方被压迫民族……东亚被压迫民族由此解放出来，那末世界革命亦可由此实现成功了"。③

---

① 《国民革命军总司令部组织大纲》，陈训正编《国民革命军战史初稿》卷二，沈云龙主编《近代中国史料丛刊》第 79 辑，台北，文海出版社，1972，第 36 页。
② 《国民革命军北伐战斗序列》（1926 年 6 月），《中华民国史档案资料汇编》第 4 辑（2），第 913—916 页。
③ 《蒋介石年谱（1887—1926）》，第 528—529 页。

1926 年 6 月 21 日，蒋决定 7 月 1 日进行总动员，以第四、三、一、六各军为出发次序。① 7 月 1 日，国民革命军动员令发布，决定先定三湘，规复武汉，与冯玉祥国民军会师，"统一中国，继承遗志"。② 7 月 9 日，蒋介石就任国民革命军总司令，广州举行了盛大的誓师大会，到场群众 5 万余人。吴稚晖代表国民党中央党部，谭延闿代表国民政府，分别致训词。蒋介石发表通电，并发布"北伐誓师词"。③

此前的 6 月 4 日，唐生智已经在衡州设立"湖南临时省政府"，就任省长。④ 第四军第十师陈铭枢部、第十二师张发奎部已在 6 月 28 日受命援湘。⑤ 北伐，以事先无法预料的方式拉开帷幕。

————————

① 蒋介石日记，1926 年 6 月 21 日。
② 《蒋介石年谱（1887—1926）》，第 533 页。
③ 蒋介石日记，1926 年 7 月 9 日；《蒋介石北伐誓师词》（1926 年 7 月 9 日），《中华民国史档案资料汇编》第 4 辑（2），第 917 页。
④ 《蒋介石年谱（1887—1926）》，第 526 页。
⑤ 《蒋介石年谱（1887—1926）》，第 532 页。

十五　北伐的进展和中共的壮大

　　北伐开始后，北洋军阀孙传芳、张作霖、吴佩孚部分别拥兵 20 万、35 万、25 万，总体实力较北伐军雄厚。当时，国民党人听取了苏联顾问的建议，集中力量攻击吴佩孚部。1926 年 7 月 11 日，国民革命军占领长沙，此为北伐军占领的第一个大城市。8 月 11 日，蒋至长沙。12 日，召开军事会议，决以二、三、六各军监视江西；以第七军攻平江，第八军一部助之；第八军余部和第一、三两军，会同第四军攻击汨罗。①双方遭遇于汀泗桥一线。

　　8 月 23 日，第四军命令其第十师"以最敏捷之动作，包围该敌，且进步时，应竭力宣传，系向蒲圻"，

---

① 《蒋介石年谱（1887—1926）》，第 562 页。

"第十二师到达石坑渡后，改道分水咀，向张家铺附近前进，协同第十师歼灭汀泗桥之敌"。① 随即，第六、八、七各军抵达附近地区策应。8月25日夜，第四军下达攻击命令，27日占领汀泗桥，打开武汉门户。因牺牲重大而攻击意志高涨，第四军张发奎、陈铭枢、叶挺等部被誉为"铁军"。8月30日，国民革命军占领贺胜桥，吴佩孚为阻止士兵后退，杀死其官兵数百人。② 然而未能挽回局面，武汉已遥遥在望。

9月6日，吴佩孚部刘佐龙投降，国民革命军占领汉阳，随即占领汉口。第一军第二师、第四军、第八军乃围攻武昌，但刘玉春、陈嘉谟部死战不退。北伐军乃"改用封锁政策"，守敌"因外援已绝，军心涣散"，③ 至10月10日开城投降。10月18日，北伐军乘胜占领豫鄂交界处武胜关。

北伐各军积极进展，而蒋介石亲率之第一军却一再顿挫，曾经所向披靡的第一军"为他军所侮"。④ 此

① 《国民革命军第四军关于陈铭枢等师汀泗桥之役战斗详报》（1926年8月），《中华民国史档案资料汇编》第4辑（2），第964页。
② 蒋介石日记，1926年9月2日。
③ 《国民革命军进攻武汉南昌经过概要》（1926年11月），《中华民国史档案资料汇编》第4辑（2），第984页。
④ 蒋介石日记，1926年9月16日。

时，唐生智致函蒋介石，不愿其停留湖北，蒋乃决定离鄂向赣。二、三两军占领宜春、分宜后，蒋率第一军刘峙转战江西，攻击孙传芳，在新喻击破邓如琢等部。此后，孙传芳集中主力于南浔铁路一线，蒋率一、二、六、十四各军攻克樟树，孙军退往南昌、抚州。接着第七军奉令入赣，第三军大破孙军于万寿宫大庙上，敌退守牛行。

10月初，蒋介石"因敌迭被重创，急宜乘时合击"，乃令第三军攻击牛行，第六军和第一军王柏龄师等攻击建昌、涂家埠，第七军攻击德安，第二军及刘峙师攻击南昌，第十四军出抚州，定于10月6日总攻南昌。但南昌久攻不克，遭孙传芳反扑，造成第六军第一师等部重大损失。此后，蒋电令第四军入赣，加入战团。

北伐大军压迫之下，孙传芳军终于崩溃。10月20日，北伐军占领抚州。28日，第四军一部集中武宁。蒋乃颁总攻击令，以第四、第七军及独一师攻击德安、涂家埠；第六军攻乐化，得手后夹击涂家埠；第三军以一部牵制牛行之敌，主力由蛟桥攻其右后；第二、第十四军以一部向东乡追击，主力向谢埠市、邓家埠进逼。11月2日，开始攻击，各部进展较为顺利，苏联顾问加伦等亦随军参议献策。5日，孙传芳主力卢香亭部被歼灭。11 月 7 日，各部冲入南昌。① 此次入赣，北伐各军以 2 万多人，歼灭孙传芳部 6 万余人，孙部除孟昭月旅外，主力尽失。② 与此同时，第一军何应钦部及倒戈改编之十四、十七各军突入福建，连败弱敌。11 月 18 日，何应钦进入福州。

北伐军出兵不久，长江以南各省已多平定。台面之下，"福建张毅来输诚，孙传芳托蒋百器来求和对奉，安徽陈调元亦托人来说项，其部下各自来投，河南寇英杰、魏益三、田维勤、靳云鄂等代表均来输诚，四川及贵州之刘杨袁周及其部下皆私来通款，思谋独立"。③ 北伐未半年，而国民革命的形势已经发展到长江流域。1926 年 12 月 30 日，蒋介石与加伦将军讨论时局，统计发现国民革命军已经达 200 团，战斗人员 26.4 万人，枪支 22.7 万。当然这一发展又极为不平衡。曾经的国民革命军绝对主力第一军仅有 3 万枪支。④ 相形之下，进入武汉的原第四军张发奎、陈铭枢

---

① 《国民革命军进攻武汉南昌经过概要》（1926 年 11 月），《中华民国史档案资料汇编》第 4 辑（2），第 987—988 页。
② 蒋介石日记，1926 年 11 月 9 日。
③ 蒋介石日记，1926 年 11 月 23 日。
④ 《蒋介石年谱（1887—1926）》，第 768 页。

部各自发展成一军之众；唐生智部则在极短时间里发展为 4 个军；第七、第六军的实际战斗力比较第一军也未遑多让。各军力量的不平衡，造成国民革命内部武汉、南昌、广州三个权力重心及其相互之间的争斗，和此后不断掀起的政潮一起，影响了国民革命的前途。

总结短期内即取得巨大胜利的原因，蒋介石说："我们军队有个主义，用政治工作来表现他……政治工作这一点，是敌人万万不能及我们的……我以为国民革命军累次打胜仗的要素，除主义之外，革命军没有其他长处。"[1] 而北伐军的政治工作，主要是共产党人主导的，到 1926 年底，北伐各军中从事政治工作的共产党员达 1500 人左右。[2] 尤其吊诡的是，曾经把共产党人排挤出第一军的蒋介石，北伐过程中，"见军事政治全在唐生智手，民众力量全在 C. P. 手，遂向我们及俄同志表示请维持一军，维持黄埔，维持蒋之总司令威信，招致已经退出一军之 C. P. 分子回去工作"。[3]

---

[1] 《蒋介石等在南昌军务善后会议上的报告》（1927 年 1 月），《中华民国史档案资料汇编》第 4 辑（2），第 996 页。
[2] 《中国共产党历史》第 1 卷上册，第 175 页。
[3] 《中央局报告（九月份）——最近全国政治情形与党的发展》（1926 年 9 月 20 日），《中共中央文件选集》第 2 册，第 339 页。

随着北伐的进展，群众反帝运动日益高涨。1927年1月3日，中央军事政治学校宣传队在汉口英租界附近演讲，英国水兵冲向群众，刺死1人，刺伤多人，造成惨案。当时，正值湖北省总工会第一次代表大会开会。1月5日，李立三、刘少奇等组织工农群众30余万举行反英示威大会，群众随即冲进汉口英租界，英军撤退，租界被工农控制。1月6日，九江群众举行集会，声援汉口的斗争，英军再次干涉，打死打伤多人。群众随即冲入租界，英军逃走。收回汉口、九江英租界，成为国民革命中反帝的标志性事件，鼓舞了中国人民的反帝斗争。中国共产党为此发表《为汉口英水兵枪杀和平民众宣言》，指出，"中国工人及一切劳动民众反对外国帝国主义斗争已进展到一个新的阶段"，能打破英帝国主义图谋的，"只有中国民众本身在本党和国民党领导下的反抗，全国民众对国民政府的拥护，以及中俄的联合"。并进一步提出"撤退英国驻华海军，取消治外法权，收回英国租界，撤退一切帝国主义驻华的军队"。[①]

---

① 《中国共产党为汉口英水兵枪杀和平民众宣言》（1927年1月12日），中央档案馆编《中共中央文件选集》第3册，中共中央党校出版社，1989，第8、10、11页。

在国民革命军军事上取得长足进展的同时，中国共产党的力量也获得了很大的发展。北伐开始前后，中共中央曾统计全国党员数，为 11000 余人。[①] 1926 年 10 月，陈独秀提出，党员"数量上的增加可以改善质量"，"北伐军和国民军所到的地方，一般民众的革命潮流更高涨起来，我们党的各级党部若仍然被研究小团体的旧观念所拘困，而不急谋党员数量上的增加，便是对党怠工，便是一种反动行为！"他提议，到中共五大召开时，党员应发展到 40000 人以上，共青团则照此数再加一倍。[②] 形势的发展，甚至超出了陈独秀的期待，到 1927 年 4 月五大召开时，中共已经有党员 57967 人，其中工人占 50.8%、农民占 18.7%、知识分子占 19.1%、军人占 3.1%、中小商人占 0.5%、其他成分者占 7.8%，女党员占总数的 8.7%。[③] 也就是说，从中共四大到五大，短短一年多，中共党员增加了 50 多倍。

---

① 《中央局报告（九月份）——最近全国政治情形与党的发展》（1926 年 9 月 20 日），《中共中央文件选集》第 2 册，第 352 页。

② 《陈独秀给各级党部的信——对于扩大党的组织的提议》（1926 年 10 月 17 日），《中共中央文件选集》第 2 册，第 635 页。

③ 《中国共产党历史》第 1 卷上册，第 188 页；《政治形势与党的任务议决案》，《中共中央文件选集》第 3 册，第 48 页。

中国共产党党员人数的激增，与其领导下的工农运动的迅速发展紧密联系在一起。两湖地区是北伐军首先攻抵的地方，工人运动随之兴起。1926 年 9 月，中华全国总工会在汉口设立办事处，就近指挥工运。12 月，湖南全省工团联合会改组为湖南全省总工会，到 1927 年 2 月，辖工会组织 533 个，会员 32.6 万人；湖北全省总工会 1926 年 10 月成立，到 1927 年春，辖工会组织约 500 个，会员四五十万人。其他各地工人运动也迅速发展，1926 年底全国工会会员由北伐前的 100 人发展到 200 万人。[1] 农民运动在湖南、湖北、江西等地，随着北伐军事进展而爆炸式发动。其中，湖南农民协会到 1926 年 11 月即有会员 100 余万人，1927 年 1 月更发展到 200 万人；湖北农民协会会员从 1926 年 7 月的 3 万余人增加到 11 月的约 20 万人；江西农民协会在 1926 年 10 月到 11 月的短短 1 个月间即从 6000 人发展到 5 万多人。[2] 工人、农民在中国共产党领导下，积极投入北伐和国民革命运动，他们在乡村发动对地主劣绅的斗争，建立自己的权力机关，为

---

[1] 《中国共产党历史》第 1 卷上册，第 179 页。
[2] 《中国共产党历史》第 1 卷上册，第 179—180 页。

北伐宣传革命主张、运输粮秣弹药、带路侦察、阻敌运动，并积极投入收回汉口、九江英国租界的反帝斗争。1927年3月21日，上海工人在周恩来等人领导下组织了第三次武装起义，成功地驱逐北洋军阀，建立了自己的革命政权——"上海特别市临时市政府"。

群众运动的兴起，也促使共产党人从理论上思考中国革命的重大问题，其中，毛泽东在农民问题上的思考尤其具有深远的影响。1926年9月1日，毛泽东为《农民问题丛刊》作序言，题为《国民革命与农民运动》。他指出，"都市的工人学生中小商人应该起来猛击买办阶级，并直接对付帝国主义，进步的工人阶级尤其是一切革命阶级的领导"，但是，"农民问题乃国民革命的中心问题，农民不起来参加并拥护国民革命，国民革命不会成功"。在毛泽东看来，"农村封建阶级，乃其国内统治阶级国外帝国主义之惟一坚实的基础，不动摇这个基础，便万万不能动摇这个基础的上层建筑"。① 以占人口绝大多数的农民为中心，讨论反帝反封建的国民革命目标，是毛泽东思考中国革命

① 中共中央文献研究室编《毛泽东年谱（1893—1949）》（修订本）上卷，中央文献出版社，2013，第166页。

的特色和立足点。

　　沿着这一思路，1927 年 3—4 月，毛泽东所著《湖南农民运动考察报告》在《战士》周报连续刊载。毛泽东指出，湖南农民所做之事，并不"过分"，而是革命的行动。"孙中山先生致力国民革命凡四十年，所要做而没有做到的事，农民在几个月内做到了。这是四十年乃至几千年未曾成就过的奇勋，这是好得很。""国民革命需要一个大的农村变动。辛亥革命没有这个变动，所以失败了。""革命是暴动，是一个阶级推翻一个阶级的暴烈的行动。"农民的对立面"地主政权，是一切权力的基干。地主政权既被打倒，族权、神权、夫权便一概跟着动摇起来"。他号召推翻地主武装，建立农民武装。① 《湖南农民运动考察报告》的主要内容、思路和宗旨，实际上成为中国共产党领导农村土地革命的重要指导思想。

---

① 　《毛泽东年谱（1893—1949）》（修订本）上卷，第 181—182 页。

十六　国民革命阵营内部的矛盾与大革命的失败

按照苏俄、共产国际和陈独秀等人的设计，中国革命应该分两步走：第一步，与中国的资产阶级民主派合作，发动国民革命，开展反帝反封建的斗争，建立资产阶级民主政权；第二步，运用国家资本主义，发展现代工业，壮大无产阶级的力量，进而推翻资产阶级，建立无产阶级政权。"两步走"的战略和策略，存在内部张力——资产阶级是否会一直"驯服"地配合共产党人的阶段性斗争方略？中国共产党人一直担心的资产阶级发展壮大后反目相向会否成为现实？

作为国民革命军总司令的蒋介石，是国民革命阵营内部矛盾的症结所在。第一军进入湖南后，指挥屡屡失算，蒋介石"威望"受损，又愧又恨。早在1926

年 8 月，蒋"见第一师疯败萎靡，不胜岔怒躁急……本军又不争气，是诚欲哭无泪矣"。① 此后刘峙等攻击武昌失败，蒋为之浩叹："为人所制，为人所侮，拂逆至此可不叹哉。"② 第一军转移主攻江西方面后，仍然失败不断，副军长王柏龄、代师长王俊等指挥无方，第五团团长文志文阵亡于南昌城外，第六团甚至被孙传芳军全歼。③ 整个第一军仅在副攻方向福建取得较大进展。

第一军表现甚差，甚至招致国民革命阵营中新加入者如唐生智等人的轻慢。9 月 8 日，唐生智致函蒋介石，不愿意其待在武昌，蒋为之"心神不定"。④ 9 月 14 日，蒋介石召开军事会议，"决离鄂向赣，不再为冯妇矣，否则人格扫地殆尽，所为者本军不能争气"。⑤ 军事上表现不佳，又引起内部政治暗流涌动，汪精卫本因"中山舰事件"远引法国，1926 年 9 月间，苏联军事顾问加伦将军劝说蒋出面请汪精卫复出，

① 蒋介石日记，1926 年 8 月 20 日。
② 蒋介石日记，1926 年 9 月 10 日。
③ 蒋介石日记，1926 年 10 月 12 日。
④ 蒋介石日记，1926 年 9 月 8 日。
⑤ 蒋介石日记，1926 年 9 月 14 日。

而汪精卫本人"欲出之意，则甚明也"。① 与此同时，蒋介石企图用来牵制唐生智的国民革命军总政治部，在邓演达的主持下，权力大增。汪精卫夸张地表示，"在总政治部下才设得有（党）中央执行委员会同国民政府两科"，邓演达也自称"政治部所在之地，人民不向政府机关请求，而来向总政治部请求"。② 邓演达本人亦与蒋介石渐行渐远。

当时，两湖地区国民革命形势高涨。1926 年 11 月下旬，国民党中央政治会议应蒋介石之请，决定中央党部和国民政府都迁往武昌。国民党中央各要人和鲍罗廷等随即陆续赶往武昌，成立国民党中央执行委员暨国民政府委员联席会议，代行国民党中央和国民政府最高权力，徐谦为主席，鲍罗廷为总顾问。然而不久，1927 年 1 月 3 日，蒋介石借重张静江，在南昌召开中央政治会议临时会议，"决议中央党部与政府暂驻南昌，思党务有所补救"，③ 随即截留路过的部分国民党中央委员，挑起"迁都之争"。后"不忍为帝

---

① 蒋介石日记，1926 年 9 月 27 日、29 日。

② 张宪文、张玉法主编《中华民国专题史》第 4 卷《国民革命与北伐战争》，南京大学出版社，2015，第 206、222 页。

③ 蒋介石日记，1927 年 1 月 3 日。

国主义者之诽笑"，蒋又主动放弃主张，"决将政府迁移武昌"。①

担心在国民党内大权旁落的同时，蒋介石对中国共产党的迅速发展和影响力日增更加担心，对苏联顾问的角色日益不满。在与湖南省党部执行委员谈话时，蒋认为"本党与 CP 意见渐趋明显一路"，"可忧"。② 与程潜谈话时，蒋直言"与鲍尔廷（按：指鲍罗廷）不能相容，既不能为国雪耻，何忍复为余辱国，革命至此，总受帝国主义与外人压迫，何如及时辞职以谢国民与已死同志之灵"。③ 他认为，"苏俄解放被压迫民族之主义，深信其不误"，但鲍罗廷的行为，与其主义完全相反，应驱逐之。"苏俄同志如诚为解放弱小民族，不使第三国际信用破产，应急改正其方法。"④ 在与顾孟馀、戴季陶、邓演达、何香凝等人交谈时，蒋竭力强调非去鲍罗廷不可。⑤

蒋介石在国民党内成为矛盾焦点，共产国际和苏

① 蒋介石日记，1927 年 2 月 1 日。
② 蒋介石日记，1926 年 12 月 8 日。
③ 蒋介石日记，1927 年 1 月 19 日。
④ 蒋介石日记，1927 年 1 月 20 日。
⑤ 蒋介石日记，1927 年 1 月 27 日、30 日。

联是大体清楚的。1926 年 11 月底，维经斯基致信联共（布）驻共产国际执委会代表团，指出了国民革命面临的问题，提出的解决方案是：取消党主席一职，政治委员会主席轮流担任，汪精卫领导政府，军事委员会由蒋介石领导，唐生智和冯玉祥任委员。① 但联共（布）高层领导并不认可这样的权宜之计。布哈林认为，"我们在中国应当采取社会主义发展方针"，因此，必须在农民和资产阶级之间做出选择。② 布哈林还直接指出："我们提出了夺取国民党各级组织、政府机关、军队等等中的重要战略地位的口号。这能否在内部力量发展壮大的过程中不经斗争就能实现呢？不能。但谁能取得胜利呢？谁组织得好谁就能取得胜利。"③ 这意味着"两步走"的革命策略已经到了转折

① 《维经斯基给联共（布）驻共产国际执行委员会代表团的信》（1926 年 11 月 26 日），《联共（布）、共产国际与中国国民运动（1926—1927）》（下），第 12—13、16 页。

② 《布哈林在共产国际执行委员会第七次扩大全会中国委员会会议上的发言》（1926 年 12 月 1 日），《联共（布）、共产国际与中国国民运动（1926—1927）》（下），第 17、19 页。

③ 《共产国际执行委员会政治书记处就〈关于中国共产党的组织任务〉决议草案问题召开的会议的速记记录（摘录）》（1927 年 1 月 19 日），《联共（布）、共产国际与中国国民运动（1926—1927）》（下），第 74 页。

关头。

理论的推演，代替不了现场的运作。鲍罗廷在国民革命中居于关键位置，而蒋介石对鲍罗廷持强烈不满，对此共产国际并不清楚。当时，共产国际执委会远东局内部不断有人如维经斯基对鲍罗廷的工作提出异议，但联共（布）中央决定"所有派往中国的同志均归鲍罗廷同志领导"。[1] "迁都之争"时，斯大林指示鲍罗廷去南昌与蒋介石沟通，提出妥协方案：同意蒋介石和司令部"因前线关系驻在南昌，但国民政府和中央则驻在武汉"。[2] 蒋介石与加仑关系较为融洽，1927年1月底，斯大林就鲍罗廷与加仑将军之间产生"误解和摩擦"，专门致电要求建立两人关系的"规范"。[3] 不久，他又指示给鲍罗廷发去电报："我们认为国民党中央对蒋介石的方针是正确的"，但一不要

---

[1] 《联共（布）中央政治局会议第75号（特字第57号）记录（摘录）》（1927年1月），《联共（布）、共产国际与中国国民运动》（1926—1927）（下），第56页。

[2] 《联共（布）中央政治局会议第78号（特字第59号）记录（摘录）》（1927年1月13日），《联共（布）、共产国际与中国国民运动（1926—1927）》（下），第66页。

[3] 《联共（布）中央政治局会议第81号（特字第61号）记录（摘录）》（1927年1月27日），《联共（布）、共产国际与中国国民运动（1926—1927）》（下），第100页。

突出鲍罗廷，"免得人们认为这场冲突是鲍罗廷和蒋介石之间为争夺影响而进行的斗争"，二不要把事态发展到与蒋介石决裂的地步。①

　　莫斯科的指示莫衷一是之际，中国共产党对蒋介石的认知更为清晰，其斗争思路亦果敢明确。1927 年3 月 13 日，中国共产党致书国民党中央，责问蒋介石为何对"联北计划""不但不曾有一语声辩"，"而且在南昌总部第十四次纪念周演讲中，竟谩骂武汉的左派为败类，要制裁左派，要制裁共产党，预言共产党将要失败，自称有干涉和制裁共产党的责任及其权力"，要求国民党中央查究其动机，加强革命势力的团结。② 蒋介石叛变革命以后，苏联、共产国际及其在华代表与顾问的指导更形混乱。鲍罗廷认为，如果立即东征讨蒋，就有可能与在上海与长江下游地区存在巨大利益的英美帝国主义发生冲突，而北进河南，与冯玉祥合作对奉，打通国际交通线，则可背靠苏联

① 《联共（布）中央政治局会议第 87 号（特字第 65 号）记录（摘录）》（1927 年 2 月 17 日），《联共（布）、共产国际与中国国民运动（1926—1927）》（下），第 118 页。
② 中国共产党中央委员会：《中国共产党致中国国民党书——为肃清军阀势力及团结革命势力问题》（3 月 13 日），《向导》第 192 期，1927 年 3 月。

进行革命。"中国革命只有在西北建立军事基地、组建革命军队的情况下才能取得成功。"至于中国革命前途，十年内不可能取得成功，"中国共产党不可能成立独立的政党，它是国民党的小资产阶级左翼"，"应当解除工人纠察队的武装"，以满足小资产阶级和左派盟友的要求。①

共产国际新派来的代表罗易想象力丰富，他企图通过与蒋介石直接联系解决危机，而蒋介石冷冰冰地告诉他，"在武汉垄断我党权力的那些人不能不对此承担责任"。罗易听信了一面之词，并不了解情况。②罗易与鲍罗廷矛盾不断，他自以为正确，认为"蒋介石作为大资产阶级的代表，将在土地问题上坚持比武汉更为激进的立场"；汪精卫和邓演达是小资产阶级"唯一代表"，真正的左派；谭延闿和徐谦"代表封建主义"；孙科是"危险的机会主义分子"，实际上代表买办阶级；顾孟馀是不折不扣的反革命分子；唐生智

---

① 《罗易就中国形势给共产国际执行委员会政治书记处和斯大林的书面报告》（1927 年 5 月 28 日），《联共（布）、共产国际与中国国民运动（1926—1927）》（下），第 288 页
② 《蒋介石给罗易的信》（1927 年 4 月 22 日），《联共（布）、共产国际与中国国民革命运动（1926—1927）》（下），第 213 页。

是封建军阀，加入国民党是为了满足个人野心，很快就会成为革命敌人；鲍罗廷支持国民党消灭湖南农民运动的政策。① 至于中国共产党当时的领导人陈独秀，罗易认为他比谭平山更坏，是典型的激进知识分子，"是国民党在共产党内的代理人"。②

与此同时，国民革命的形势日益危急，一些地方实力派追随蒋介石，实行血腥的"清党"，一些人则将共产党人"礼送出境"。武汉国民政府统治范围内，唐生智部下何键密谋"清党"。夏斗寅发动叛乱，并勾结杨森进犯川鄂边境。许克祥发动"马日事变"，屠杀工农群众万余人。被寄予厚望的冯玉祥，对蒋介石多有同情言行。而武汉方面财政经济渐有崩溃之势，难以为继。危急之中，联共（布）中央政治局就挽救中国革命，提出了紧急意见：

1. 不进行土地革命，就不可能取得胜利。不

① 《罗易就中国形势给共产国际执行委员会政治书记处和斯大林的书面报告》（1927年5月28日），《联共（布）、共产国际与中国国民运动（1926—1927）》（下），第278、280、282页。

② 《罗易给斯大林和布哈林的电报》（1927年6月5日），《联共（布）、共产国际与中国国民运动（1926—1927）》（下），第302—303页。

进行土地革命，国民党中央就会变成不可靠将领手中的可怜的玩物……

2. 对手工业者、商人和小地主作出让步是必要的，同这些阶层联合是必要的。只应没收大、中地主的土地，不要触及军官和士兵的土地。如果形势需要，暂时可以不没收中地主的土地。

3. 国民党中央的一些老领导人害怕发生事件，他们会动摇和妥协。应从下面多吸收一些工农领导人加入国民党中央……

4. 应当消除对不可靠将领的依赖性。要动员两万共产党员，再加上来自湖南、湖北的五万革命工农，组建几个新军……要组建自己可靠的军队，现在还不晚……

5. 要成立以著名国民党人和非共产党人为首的革命军事法庭，惩办和蒋介石保持联系或唆使士兵迫害人民、迫害工农的军官……[①]

---

① 《联共（布）中央政治局会议第107号（特字第85号）记录（摘录）》（1927年6月2日），《联共（布）、共产国际与中国国民运动（1926—1927）》（下），第298—299页。

然而，格于实际，指示并没有得到共产国际代表和中共中央执行，罗易甚至违反组织原则，将此指示交汪精卫观看。在迟疑和观望中，苏俄和中共失去了反击反革命、拨正中国革命方向的机会。1927年7月12日，根据共产国际指示，陈独秀离开领导岗位，张国焘、李维汉、周恩来、李立三、张太雷组成中央临时常务委员会。7月15日，汪精卫在武汉召开"分共"会议，随即宁汉合流，大革命宣告失败。中国共产党指出："从今年四月十二日至八月十二日，是中国的反动豪绅资产阶级一步步的完成他们篡窃国民党旗号，以实行其反革命的过程，中国国民革命因为这种反动危机的完成，的确是遭着了部分的失败。""但是，中国工农已经起来"，① 中国革命进入了新阶段。

---

① 《中国共产党为汉宁妥协告民众书》（1927年8月14日），《中共中央文件选集》第3册，第323页。

尾声 复盘国民革命

　　不到一年，作为国民革命军总司令的蒋介石发动"四一二清党"。4月14日，武汉方面的政治委员会宣布撤销蒋介石的总司令职务，开除其党籍，并下令逮捕他。共产国际驻中国代表团内部为究竟是向东南发展还是继续北伐发生分歧，共产国际代表罗易主张向东南，甚至回到广东，但在鲍罗廷的强烈坚持下，中共中央同意北上。但在预定出发的日子，又转而主张向东，消灭蒋介石。① 鲍罗廷为程潜未能及时逮捕蒋介石而可惜，他批评了去南方、去广东的想法，主张"革命应当集约和粗放式地发展，否则，在狭小的根

---

① 《罗易给共产国际执行委员会的电报》（1927年4月18日），《联共
　（布）、共产国际与中国国民革命运动（1926—1927）》（下），第
　200—204页。

据地，受到敌人包围的革命会被窒息，因为我们会由于帝国主义的局部封锁而脱离整个世界"。他认为，再坚持三四个月，"我们就必将取得胜利"。① 内部的分歧和混乱，表明局势正在脱离共产国际——这场革命的培育者和指导者——的掌控，这是非常令人沮丧的。

曾经的"孙逸仙博士代表团"成员邵力子即将回国，得到了斯大林的接见。斯大林说，蒋介石解除工人自卫队的武装，而我却把照片给他，工人们会怎么想？邵力子只得悻悻然地归还了斯大林、李科夫和伏罗希洛夫的照片。② 此时，他们还以"同志"相称，但这样"甜蜜"的日子即将一去不复返。

随着武汉"七一五分共"，过去四年间一直在国民革命中担当操盘者的鲍罗廷被迫回到了莫斯科。复盘这一段历程，没有人比他更为合适。对后世的历史学家来说，幸运的是，他确实做了这样的复盘。尽管

---

① 《鲍罗廷关于中国政治局势的报告》（1927 年 5 月初），《联共（布）、共产国际与中国国民革命运动（1926—1927）》（下），第 220—229 页。

② 《邵力子给索洛维约夫的信》（不早于 1927 年 4 月 23 日），《联共（布）、共产国际与中国国民革命运动（1926—1927）》（下），第 214 页。

近距离观察自己参与制造的历史，会留下许多缺憾。

1927 年 10 月 23 日，在莫斯科老布尔什维克协会会员大会上，鲍罗廷做了长篇报告，回顾国民革命的历程。他的报告副本送给了斯大林、布哈林、莫洛托夫、契切林、加拉罕和别尔津，表明鲍罗廷是经过认真准备的。这是一份无比珍贵的文本，反映了国民革命的操盘者对国民革命背景、过程、重大关节和失败原因的认知。

鲍罗廷的思绪一直回溯到 1923 年 9 月他刚到中国的时刻。在他看来，此前的中国发生了一系列的历史性事件：（1）从《南京条约》开始，帝国主义通过不平等条约控制了中国，"统治阶级宁愿让帝国主义掠夺也不让群众起来造反"；（2）太平天国起义，"资产阶级害怕农民起义，因而加入了满清反动派和帝国主义的联盟"，镇压了起义；（3）辛亥革命，国民党向帝国主义承担义务，同时拜谒明皇陵，说明他"不会同旧制度即封建的土地关系决裂"。

鲍罗廷说，孙中山对"民主国家"抱有幻想，所以不愿意与帝国主义进行坚决的斗争。袁世凯向帝国主义贷款，就是为了镇压本国的资产阶级，保留清政府统治的基础。第一次世界大战，中国一无所得，然后出现了苏维埃共和国，反帝运动开始兴起，参加者是小资产阶级和知识分子的上层主要是大学生。

中国工业化的过程中，无产阶级产生了。他们一方面受着阶级的压迫，另一方面受到外国资本和在华国家机关的压迫。领导这样一个无产阶级的政党，"必然要率领无产阶级去同外国压迫和本国民族资产阶级进行斗争"。这样的背景下，党既要保持自己的阶级纯洁性，又要"与非无产阶级人士一起反对外国压迫"，"很难做到随机应变"。鲍罗廷说，他到中国时，甚至是中共上层领导"对为什么要当共产党员，认识是模糊不清的"，对土地问题、对农民、对工人阶级的认识也一样。

"建立一个真正的共产党"，是主要任务。由于大规模的群众工作，中共已经有 5 万名党员，但"这并不意味着，中国共产党已经成为一个能够站在广大群众的前列并带领这些群众去夺取政权的党"。需要创造开展群众工作的条件，而孙中山领导的国民党拥有现实的力量，中共需要与之结盟，"共同打击中世纪残余，打击中国反动势力"。为此，需要帮助国民党成为有组织的力量，否则国民党不可能"解放广东"乃至半个中国。共产党员应该加入国民党，"并在这个国民党内成为团结和组织一切可以被我们用来为群众运动铺平道路的力量的主要杠杆"。1924 年 1 月,国民党进行了改组,在中共促进下,提出面向工农以实现三民主义,其三大政策是:"(1)联共;(2)扶助农工;(3)联俄。"

国民党改组过后,受英帝国主义影响和控制的买办资产阶级立即起来反对,当时,如果国民党选择妥协,"国共联盟就被废除了"。但国民党"毫不动摇",击溃了商团,广东、广州的群众运动"出现了空前的大发展"。然后,就有了进攻陈炯明的力量。

鲍罗廷称,孙中山去世后,国民党右派组织了俱乐部,戴季陶理论则为"在国民党内出现有组织的中派奠定了基础,并且代表中等资产阶级的利益"。鲍罗廷说,汪精卫之类的左派同意我们的看法,即阶级斗争是中国解放运动的主要动力之一。共产国际和中共联合左派,与右派、中派进行斗争。讨伐了陈炯明残余后,又发动了对广东其他军阀、广西和云南军阀的讨伐,成立了国民政府。1925 年 6 月,英帝国主义枪杀中国人,激发了省港大罢工,广东就是与帝国主义斗争的根据地。在 16 个月的斗争中,"国民党中央和中央政治委员会变成了罢工委员会下面的书记处"。外交部长陈友仁与英国谈判前,得先征求罢工委员会的意见。

这种形势，引起了英帝国主义的反击，也"引起了国民党内业已存在的派别组合和重新组织的深化"。1925 年 8 月，"英帝国主义和广东买办地主阶级的代理人雇佣的杀手"，制造了廖仲恺案。但我们与中派联合，"向粤军和右派发动了一起总攻"，解决了许崇智和胡汉民。

这时，按照戴季陶理论组织起来的孙文主义学会，聚集了反对群众运动、反对中国共产党及其在国民党内影响的分子。蒋介石支持该学会，出于对"无产阶级和农民领导权的恐惧"，发动了"中山舰事件"。对于事变的原因大致有六种解释：蒋介石为首的军队将领要摆脱党的监督，摆脱政治委员和政治指导员的束缚；有人想搞掉蒋介石，并将其送往海参崴，"似乎俄国同志也参与了"；资产阶级要夺取国民革命领导权；中派分子戴季陶和蒋介石要打破国民党二大上形成的国民党左派和共产党人的联盟；中国无法同时容纳汪精卫和蒋介石；某些共产党人和维经斯基等人的解释，与上一条相似。

鲍罗廷辩称，因为仍然存在共产党人"在国民党内继续掌权"、发展群众运动的可能，"中山舰事件"后向中派分子所做的"非本质性的"让步是正确的，否则正中帝国主义下怀，工农运动也不会向广东之外发展。所以，似乎形成了一种"默契"：资产阶级要去投奔自己天然的"天然基地"长江流域，而共产党人亦须去华中开展大规模工人运动，"对双方都有利"。

北伐，设定了四项任务：以农民和城市无产阶级为基础开展群众运动；在反帝旗帜下集结力量；利用军事集团之间矛盾削弱"三月分子"（按：指蒋介石集团）的军事力量；加强和组建共产党的部队。但当蒋介石挑起"迁都之争"，即主张在国民党中央和国民政府设在南昌而不是武汉时，鲍罗廷承认他"惊恐"了：蒋介石向南京、上海进军，投向资产阶级基地，会破坏"国民革命阵线"。鲍罗廷等提出"反对军事独裁"等口号相对抗，孤立了蒋介石。这是取得的"很大成绩和功劳"。"我们利用了蒋介石，并准备抛弃他，就像抛弃一个挤干了柠檬一样。"当第二军和第六军占领南京时，有机会"迅速除掉蒋介石"，可是没有这样做。这是"第一个大错误"。

"四一二清党"发生后，鲍罗廷承认，开始时，共产国际代表团和苏联顾问中，一些人主张回到广东，打击蒋介石的后方，而他自己则主张继续北伐。然后，"最致命的一个大错误"发生了：一些人，包括布柳赫尔，主张经河南向北挺进，打败张作霖，让冯玉祥进入河南，把反张作霖的任务交给他，而"我们"沿陇海线东进，袭击南京；另一些人，包括鲍罗廷，主张先消灭南京，再从那里北伐。但是，鲍罗廷"屈从"了前面的方案。鲍罗廷结合武汉经济形势等要素分析了这一错误造成的后果，并提出了改变历史的"偶然"，即与莫斯科通信情况糟糕，得不到及时的指示。本来有机会动员各军向南京进军，却在最后关头被布柳赫尔和邓演达的说服工作改变了。进军河南又被迫撤回湖北期间，武汉的经济形势恶化了，而蒋介石却强化了力量。国民党左派"被土地革命和城市阶级斗争的空前高涨吓坏了"，他们"迟早会脱离革命"，但其速度无法预料；一系列反复出现的错误，使"我们失去了以国民党左派为代表的这个民主派"，与小资产阶级的决裂属于过早。叶挺、贺龙的起义非常英勇，但"是不可能成功的"，"现在我们只好吞食这个错误的苦果"。

鲍罗廷对国民革命甫入高潮戛然而止的解释颠三倒四，说明他还没有走出运作革命失败的巨创，但这不妨碍他最后几乎无法理喻地对莫斯科的老布尔什维克们宣称，根据其对形势的分析，"中国革命正在走向高潮"。①

　　正如本书一再指出的那样，按照俄国革命分两步走的经验，挑选中国的"资产阶级民主派"并与其合作，是苏俄运作国民革命的基本理路。现在，被一再界定范围、实际上严重偏离实际的"资产阶级民主派"已经进入"反革命"的阵营，尽管不久之前，它还以"反革命"的罪名审判吴佩孚的将军；尽管此后，它还以"反革命"的罪名审判共产党。苏俄运作中国革命一时间失去了抓手。

　　年轻的中国共产党人，被鲍罗廷讽刺为"像一个图书评论员：他等待着书籍的出版，然后阅读，写书评——加以赞扬或指责"。② 实际上，如前文一再申说的那样，中国共产党恰恰早就指出鲍罗廷运作国民革命的错误之处。她没有沉湎于抱怨，更没有慑服于蒋介石的镇压，毅然走上了自己理解的中国革命之路，最终改写了中国历史，也改写了世界历史。

---

①　《鲍罗廷在老布尔什维克协会会员大会上所作的〈当前中国政治经济形势〉的报告》（1927 年 10 月 23 日），《联共（布）、共产国际与中国国民革命运动（1926—1927）》（下），第 462—511 页。

②　《鲍罗廷在老布尔什维克协会会员大会上所作的〈当前中国政治经济形势〉的报告》（1927 年 10 月 23 日），《联共（布）、共产国际与中国国民革命运动（1926—1927）》（下），第 509 页。

后　记

　　2020 年春天，闺女从突然停课的安娜堡逃回。安娜堡到旧金山，旧金山到台北，台北到浦东，大巴把她从浦东接到花桥进行分流，运至南京孝陵卫。深夜，两位民警专程送到小区门口。我们接到的一刹那，街道工作人员已经到位，告知我们居家隔离。这是极好的待遇，天亮后，就是集中隔离了。

　　我们在家略有储备，友人得知后，又送来两大包食品，包括鸡鱼蛋肉，三人关门过起了共产主义的日子。

　　无所事事总是不好的，正好此前接到活计，要写三四万字的"国民革命"。每天早上起来，在院中活动活动筋骨，然后吃现成的——闺女每天夜里上网课，结束后备好早饭。吃过早饭，开始写作，午饭略过，写到下午 6 点，咪上二两。隔离半个月后，又自动加赛半个月，以便亲友放心。这段居家喝酒的日子，进一步锻炼了我的酒量。门口堆积的酒瓶，长时间成为同事和邻居们的话题。

国民革命是民国史中我最不熟悉的部分之一，幸亏师门群中电子书高手云集，黄文凯和屈胜飞尤擅胜场，但有所索，倚马可待。心无旁骛，手机几乎不响，一个月中，竟然写了十几万字。这事，经常让我反思，碌碌奔忙的日子，到底让我错过了什么？

梁启超为蒋方震写序，完成《清代学术概论》，前贤令我高山仰止，不敢自况，但我确实是在参与别的著作的过程中学习了一遍国民革命史的，这意外的收获，是要谢谢原先分配任务的王建朗先生的。

邵璐璐女史建议我把这十几万字出个单本，我自知对国民革命的理解尚嫌肤浅，但为纪念那一段奇特的日子，也就不揣谫陋了。期待同好者的鞭策与指教。

张　生

2023 年 6 月于南雍山下

图书在版编目（CIP）数据

发动革命：国民革命的起源：1920—1925／张生
著．－－北京：社会科学文献出版社，2023.6（2024.9 重印 ）
ISBN 978 - 7 - 5228 - 1783 - 5

Ⅰ.①发… Ⅱ.①张… Ⅲ.①国民革命军 - 史料 -
1920 - 1925 Ⅳ.①E296.91

中国国家版本馆 CIP 数据核字（2023）第 089114 号

发动革命：国民革命的起源（1920—1925）

著 者／张 生

出 版 人／冀祥德
责任编辑／邵璐璐
责任印制／王京美

出 版／社会科学文献出版社·历史学分社（010）59367256
地址：北京市北三环中路甲29号院华龙大厦 邮编：100029
网址：www.ssap.com.cn
发 行／社会科学文献出版社（010）59367028
印 装／三河市东方印刷有限公司

规 格／开 本：889mm×1194mm 1/32
印 张：8.5 字 数：131 千字
版 次／2023 年 6 月第 1 版 2024 年 9 月第 2 次印刷
书 号／ISBN 978 - 7 - 5228 - 1783 - 5
定 价／59.00 元

读者服务电话：4008918866